# BUONAPARTE
# ET MURAT,
## RAVISSEURS D'UNE JEUNE FEMME,

ET QUELQUES-UNS DE LEURS AGENTS COMPLICES DE CE RAPT, DEVANT LE TRIBUNAL DE PREMIÈRE INSTANCE DU DÉPARTEMENT DE LA SEINE.

## MÉMOIRE HISTORIQUE,

ÉCRIT PAR LE MARI OUTRAGÉ,

J. H. F. REVEL, CAPITAINE PENSIONNÉ.

A PARIS,
DE L'IMPRIMERIE DE L. G. MICHAUD,
RUE DES BONS-ENFANTS, N°. 34.

M. DCCC. XV.

# BUONAPARTE

## ET MURAT,

## RAVISSEURS D'UNE JEUNE FEMME.

### INTRODUCTION.

J'ÉTAIS veuf en 1805.

Mes intérêts nécessitant un second mariage, je le contractai avec la demoiselle Denuelle-La-Plaigne, née à Paris, âgée de 16 ans.

Ce mariage fut célébré à St.-Germain-en-Laye. Environ deux mois après, je fus jeté dans un cachot; ma femme entra dans la maison de la princesse Murat, en qualité de maîtresse du prince, sous le titre spécieux de lectrice-dame d'annonce.

Un divorce a eu lieu depuis par violence. Dix ans de prison, d'exil, de surveillance, ont suivi cet acte de tyrannie. Éloigné pendant cette longue période de temps de mon domicile, séparé de deux enfants de mon premier hymen, que mes persécuteurs ont eu la barbarie de laisser sans appui et sans secours, en les privant de leur père, je ne respire en liberté, je n'ai pu parler sans contrainte que depuis la chute de l'oppresseur de ma patrie et le retour de l'empire des lis, qui fut toujours celui de la religion, des mœurs et de la justice.

Mon histoire, remplie de traits singuliers, est liée à celle du siècle, à cause des personnages qui y figurent. Des faits prouvés sur la vie secrète et privée de Buonaparte et de Murat ne peuvent qu'intéresser. Cet ouvrage sera plus fort de vérités que riche de style. Je vais tracer, sans prétention, le tableau des événements qui ont précédé et suivi mon second mariage, source de mes infortunes, cause d'outrages sanglants et de torts inouïs, dont je poursuis et espère obtenir la réparation devant les tribunaux.

## §. Ier.

*Origine de ma connaissance avec la famille La-Plaigne. — Cause de mon second hymen. — Je demande la main d'Éléonore.*

Buonaparte eut pour maîtresse une femme qui se fit appeler dans le monde madame Saint-Laurent. Cette Saint-Laurent est la demoiselle Denuelle-La-Plaigne, qui fut mon épouse. Une rencontre fortuite au théâtre de la Gaîté m'en procura la connaissance : elle y était avec son père, sa mère et des parents. On connaît à Paris madame La-Plaigne : personne ne lui refusera de l'amabilité, des grâces, des manières, de l'esprit; je lui accorde toutes ces qualités, qui l'ont rendue trop célèbre. C'est par elle que je la distinguai. Une personne de sa connaissance et de la mienne me fit entrer dans sa loge; un entretien s'engagea entre nous. J'étais officier de dragons; un militaire, placé auprès d'une jolie femme, au spectacle surtout, doit être galant, et je ne négligeai rien pour faire valoir les prérogatives de l'uniforme. Madame La-Plaigne répondit à mes débuts d'une manière encourageante; peu à peu elle devint communicative; et je ne savais trop que penser du personnage, lorsque me retournant à droite, par l'effet d'un mouvement qui s'opérait de ce côté, je trouvai près de moi une jeune personne d'une éclatante beauté, au lieu d'un homme âgé qui occupait la place quand je pris la mienne.

Mon rôle devint difficile entre ces deux sirènes. Ma voisine de droite m'avait captivé au premier coup-d'œil; celle de gauche méritait plus encore.... Je fus l'objet des plaisanteries de madame La-Plaigne, jusqu'à ce qu'il lui plût de m'apprendre que la belle personne était sa fille. L'ami commun me présenta le père, une très-jeune fille fut mise sur mes genoux, et c'était la sœur d'Eléonore.... On m'avait cerné, comprimé, conquis par les charmes d'un tableau intéressant.

Nous abrégeâmes bientôt les cérémonies. Madame La-Plaigne fut la première à s'affranchir des formes gênantes de l'étiquette. Elle me questionna ouvertement, et je lui répondis de même. Sa fille se tenait décemment, parlait peu et ne répondait qu'à propos, avec la modestie qui sied si bien aux femmes de tout âge; mais qui enchante dans une belle fille au printemps de sa vie.

De questions en questions, de réponses en réponses, nous obtînmes, les uns des autres, ces renseignements préliminaires que la curiosité cherche, et qu'un commencement d'intérêt commande. Ces dames apprirent de moi que j'étais quartier-maître au 15e. régiment de dragons, depuis peu retiré et domicilié à Paris, avec le projet de quitter définitivement l'épée pour me livrer aux affaires. Madame La-Plaigne, s'empressa de me faire savoir que son mari s'occupait de spéculations; que sa fille Eléonore, (elle la nomma) élève de madame Campan n'était à Paris que pour les vacances dont le terme expirait dans quinze jours.

La célébrité de madame Campan,

ajouta quelque chose au plaisir que j'éprouvais de la rencontre. Je passe sur des jolis riens qui contribuèrent à animer cette première entrevue. L'ami commun demanda officieusement pour moi la permission de présenter mes hommages à ces dames ; madame La-Plaigne et son mari l'accordèrent avec empressement ; peu s'en fallut même qu'ils ne s'emparassent de moi tout de suite ; mais pour ne pas blesser les bienséances, madame La-Plaigne m'engagea, en nous séparant, à lui faire visite le lendemain.

Quand je me trouvai en tête-à-tête avec l'entremetteur, je ne manquai pas de lui demander des renseignements confidentiels sur la famille qu'il venait de me faire connaître. J'appris avec une sorte de plaisir qu'Eléonore n'aurait pour dot que sa personne et ses talents.

J'allais être directeur d'une entreprise considérable, fondée sur un vaste plan que j'avais fait goûter par de riches capitalistes : la fourniture générale des effets des troupes en était l'objet. Obligé à une représentation de premier ordre, j'avais besoin de m'associer une nouvelle compagne, et comme il devait résulter du commerce que j'allais diriger, de grands bénéfices, je crus qu'une femme qui me devrait sa fortune, ne fût-ce que par reconnaissance, observerait mieux qu'une autre qui m'apporterait des biens, les devoirs attachés au lien du mariage. Les regards d'Eléonore m'avaient donné lieu de croire que je ne lui étais pas indifférent et je résolus de lui faire le lendemain, l'offre de mon coeur.

L'ami commun vint me prendre chez moi ; je me rendis avec lui chez madame La-Plaigne. Nous étions attendus, et madame La-Plaigne, instruite par mon ami, que j'étais en passe brillante de fortune, outre un porte-feuille de plus de 100 mille fr. qu'il me connaissait, se surpassa en amabilité. L'entrevue fut charmante. Eléonore me sembla embellie; je pus l'entretenir un moment en particulier, et je profitai de la circonstance pour lui adresser mes vœux. Une rougeur virginale vint animer ses traits, elle me répondit bien suivant le protocole d'usage, que sa main dépendait de ses parents; mais elle ajouta que si j'obtenais leur consentement, elle me la donnerait sans répugnance.

Pour rendre mon illusion plus complette, l'ami commun qui s'approcha de nous, me fit remarquer que le sallon était orné d'un grand nombre de beaux dessins, en m'indiquant par des signes qu'ils étaient l'ouvrage d'Eléonore : je fus émerveillé ; la femme la plus riche de la France ne m'eût pas paru préférable. Nous continuâmes à être seuls pendant un quart-d'heure ; je lui demandai si sa rentrée à la pension était effectivement fixée au trop court délai de quinzaine. Hélas oui ! fut sa réponse. Il serait temps, lui dis-je, de rendre au monde ce qui lui appartient et doit en faire l'ornement ; le compliment fit animer ses traits ; aucune femme n'est insensible à un éloge. La modestie cependant ne lui permettait pas d'avouer l'ennui qu'elle éprouvait, et le désir de s'en dédommager ; mais elle n'oublia rien pour me persuader qu'elle préférait les charmes de la société à la monotonie d'une maison d'enseignement.

De pareilles dispositions étaient trop conformes à mes projets pour ne pas flatter mes espérances, et si madame La-Plaigne, en femme habile, n'eût évité un entretien particulier dans l'un de ces *à-parte* de société où l'on sait se trouver seuls au milieu d'une compagnie, je lui aurais déclaré le même jour mes intentions pour sa fille, dont celle-ci ne doutait plus. Elle eut pourtant la générosité de me dédommager de ses rigueurs en priant Eléonore de me donner l'explication de ses ouvrages. Nous parcourions lentement le sallon sous ce prétexte; les morceaux les plus éloignés de la compagnie faisaient de préférence l'objet de notre attention, et le lecteur devine que le chef-d'œuvre vivant qui était à mes côtés m'occupait bien plus que la preuve de ses études.

Quand la promenade fut terminée,

je n'avais plus à espérer que de la contrainte et de l'ennui, puisque je ne pourrais plus m'entretenir intimément avec Eléonore. Elle me témoigna le regret de la privation que lui imposaient les bienséances, et m'engagea à me retirer pour lui laisser le temps de figurer au cercle sans distractions; je sortis enchanté.

Les heures s'écoulèrent bien lentement à mon gré jusqu'au lendemain.

Je ne fis pas attendre ma seconde visite. On m'annonça et je fus reçu par madame La-Plaigne en habitué, par Eléonore en ami du cœur. Les nouvelles du jour et des sujets indifférents nous occupèrent d'abord; madame La-Plaigne saisit l'à-propos de nouvelles, pour citer les mariages de plusieurs élèves de madame Campan. La différence des conditions, des fortunes et des personnages fournit ample matière à sa volubilité, et tirant parti de son génie, elle plaçait des réflexions plus ou moins avantageuses à ces nouvelles alliances. Si un couple était opulent, la richesse ne faisait pas le bonheur ! Si une fille de haut rang avait donné sa main à un favori de Buonaparte, la noblesse acquise par la valeur valait bien celle que donne la naissance ! Elle émit ainsi finement quelques opinions qui provoquaient les miennes. Le mari, moins délié, citait l'argent comme le mobile du mariage ; mais il suffisait, suivant lui, que la fortune se trouvât chez l'un des époux.

Je ne voulais pas laisser échapper une si belle occasion pour faire une demande directe de la main d'Eléonore. Je raisonnai à mon tour, et tirant parti des opinions déjà exprimées, j'étendis, discutai, mais finis par être d'accord avec la manière de voir du tribunal qui allait admettre ou rejeter ma requête.

Je repris d'abord les confidences de la veille, pour éviter l'inconvénient d'une conclusion trop brusque. Mes projets de spéculation n'avaient été qu'indiqués ; je lus mon plan sur l'entreprise de la fourniture générale des troupes. Madame La-Plaigne écoutait avec satisfaction, applaudissait quelquefois avec enthousiasme. Le mari me voyait bientôt couvert d'or ; mais il ajoutait que tout beau, tout incomparable que fût le plan, il fallait à l'auteur une femme. Je regardai Eléonore, qui, sous un prétexte de l'invention de sa mère, s'éloigna aussitôt.

Quand nous nous trouvâmes en comité secret, je renouvelai mon intention de quitter le service actif pour mieux servir l'état en réalisant mes vues d'utilité. Je convins qu'un second mariage m'était indispensable, et je finis par déclarer que si j'étais assez heureux pour que ma famille, ma fortune actuelle et mes espérances, pussent sembler dignes d'Eléonore, j'oserais adresser à ses parents la demande de sa main. Cette ouverture fut reçue avec réserve par madame La-Plaigne; le visage du mari annonçait une explosion de son cœur, favorable à ma demande; mais un regard impératif de sa femme lui fit étouffer son élan.

Madame me répondit qu'elle se trouvait honorée de ce que j'avais fait attention à sa fille, mais elle fit usage de sa dextérité.... Il fallait se fréquenter pour se connaître.... Les mariages précipités sont ordinairement la source des regrets et le chemin des remords..... Elle avait perdu sa fortune.... Sa fille n'aurait point de dot.... Je l'interrompis pour dire que s'il n'y avait que cette difficulté à vaincre on pouvait passer outre ; que je ne cherchais pas une dot, mais de la vertu, de l'éducation, une famille honnête, et que ces avantages se trouvant réunis dans la personne d'Eléonore, l'objet de mon choix était trouvé.

Les deux époux se regardèrent, et madame La Plaigne, après avoir consulté son mari pour la forme, m'autorisa à rendre des soins à Eléonore, pendant les *quinze jours* qu'elle avait encore à passer chez elle, et *si pendant ce temps là sa fille se prononçait en ma faveur, et que l'on fût d'accord sur quelques points de peu d'importance qu'il restait à discu-*

ter, elle ne voyait aucun obstacle à l'union que je souhaitais.

Eléonore reparut après le pacte de famille, sur un ordre de sa mère, que lui porta la femme-de-chambre. Madame La-Plaigne donna connaissance à sa fille de mes intentions, qu'elle n'ignorait plus. Sa réponse fut modeste, elle protestait de son obéissance aux auteurs de ses jours, et, d'un regard, me dit qu'elle obéissait encore mieux à son cœur.

On avertit pour le dîner, j'étais invité de droit et ne me fis pas prier.

## §. II.

*Continuation de mes relations avec la maison La-Plaigne. — Je reçois la foi d'Éléonore. — Ses parents me dévoilent leur détresse. — Madame Campan.*

Le repas fut délicieux, mais l'après dînée eut pour moi des charmes inexprimables. Je pus entretenir Eléonore, non sans témoins, mais sans écouteurs.

Je n'écris pas un roman, je supprime un dialogue dont le lecteur peut se rendre compte, à la suite duquel je reçus, avec abandon, la foi de ma bien aimée.

Pendant le terme donné de quinze jours, les dîners, les promenades les spectacles et surtout les tendres entretiens, firent notre occupation. J'avais fait venir mes enfants de la pension où depuis la mort de leur mère, je les avais placés; ils plurent beaucoup à Eléonore, nous vivions tous dans une harmonie parfaite et dans l'espoir commun d'un heureux avenir.

Les quinze jours expirèrent, Eléonore dut retourner à Saint-Germain; on la ramena, je fus du voyage. Jamais séparation de deux amants ne fut plus tendre; Eléonore me renouvela ses premiers serments, et je lui fis la promesse de n'appartenir jamais qu'à elle.

Il ne restait plus qu'à s'entendre définitivement en famille, sur l'article des intérêts civils, et de remplir les formalités préliminaires d'un mariage.

A notre retour de Saint-Germain, je continuai mes assiduités chez La-Plaigne. Mon apparition était toujours une fête pour madame, un sujet de joie pour le mari. J'y restais souvent à dîner. Un certain jour, La-Plaigne s'avisa de faire à table une querelle à sa femme sur sa prodigalité; il trouvait la dépense de la cuisine exorbitante. Madame lui répondit que s'il avait mieux su gouverner sa fortune, il ne serait pas réduit à tant plaider l'économie; de propos en propos, les deux époux se dirent les plus dures grossièretés. Je voulus remplir le rôle de médiateur; mais tout raccommodement fut impossible; on quitta la table avec humeur, La-Plaigne nous laissa seuls; mais avant de sortir il me dit à l'oreille que le manque d'argent était le véritable motif de la dispute.

Madame La-Plaigne, les yeux en larmes, me raconta une longue histoire, de travers et d'inconduite déguisés sous les noms intéressants de malheur et de fatalité. La conclusion de son récit fut que la bourse, la cave, le bûcher même étaient vides, enfin qu'ils étaient sans crédit et endettés.

Une situation aussi déplorable de la famille de ma future épouse excita toute ma sensibilité, et je promis de venir à son secours. Depuis ce moment, nous vivions en communauté; je prenais mes repas chez La-Plaigne et pourvoyais à la dépense.

J'ignorais que la scène scandaleuse dont j'avais été témoin entre La-Plaigne et sa femme, était un usage établi dès long-temps dans la maison.... Lorsque quelque dupe avait le malheur de trouver bien madame, il payait d'abord son entrée, et fournissait ensuite aux besoins de toute espèce, sinon il était *éconduit*. On avait jugé à propos d'appliquer la loi au premier imbécille qui s'aviserait de rendre hommage aux perfections de la fille aînée, et je vins tête baissée encourir l'impôt et mériter l'épithète.

Quiconque connaît La-Plaigne, sa femme, leurs habitudes, leur conduite, ne sera pas surpris de ce que j'avance; et qui ne connaît La-Plaigne à Paris? Madame, coquette par ton et par goût; mais profonde calculatrice sous les dehors de l'étourderie, ardente, passionnée, ambitieuse, s'apercevant que ses appas avaient tous les jours besoin de quelque réparation, fondait des espérances de fortune sur l'âge et les appas de sa fille. Ses projets n'étaient un mystère que pour moi. Les habitués de sa maison savaient que la main d'Eléonore serait un jour mise à l'encan et délivrée au plus généreux enchérisseur. La jeune personne n'ignorait pas le sort que sa mère lui destinait; elle m'avoua plus tard que sa vertu et son courage avaient été mis à de rudes épreuves, qu'elle avait été obligée un jour d'opposer la résistance et les cris contre un homme avec lequel elle fut laissée seule pendant l'une des dernières *vacances*, et qu'elle n'était parvenue à sortir des mains de l'insolent que par l'arrivée de la femme-de-chambre. J'ignorais ce trait d'immoralité, pendant que touché de la pénurie des La-Plaigne, je nourrissais et eux et leurs parasites, sans compter l'argent qu'il fallait débourser pour l'acquittement des mémoires des marchands. Au fond, je me faisais un plaisir secret d'être utile à la famille d'Eléonore; mais depuis quelque temps, le nombre des parasites ayant doublé, le livre de ménage me coûtait si cher, que je voulus mettre fin aux exactions que l'on se permettait avec effronterie; je demandai la fixation de l'époque du mariage.

Madame La-Plaigne essaya d'abord les délais; mais cette tactique ne lui étant pas favorable, elle changea son plan pour prolonger la pièce dont je cherchais le dénouement. Je la vis redoubler de soins et d'attentions envers moi; tout ce que la coquetterie a de moyens pour séduire, elle l'employait envers moi: qu'elle fut au lit, au boudoir, à la toilette, quand je me présentais, je m'entendais appeler. Pendant les premiers jours de cette manœuvre, je crus entrevoir la résolution de conclure définitivement mon union avec sa fille; mais je m'aperçus bientôt qu'on attaquait à la fois chez moi, le physique, le moral et la bourse : je me tins sur la réserve, et tous les efforts tentés par madame La-Plaigne, devinrent impuissants.

Quand madame La-Plaigne fut convaincue de mes froideurs, elle en feignit de son côté. Je n'y fis pas attention. Ma demande de tous les jours était : *à quand le contrat?* Plus on allongeait les délais, plus je serrais les cordons de la bourse; il fallait une crise, elle arriva.

Nous étions au sallon après un dîné; madame affichait de l'humeur, un parasite lui en demanda la cause. « On cherche, répondit-elle, à obtenir mon consentement au mariage » de ma fille; mais ce consentement... » on ne l'aura jamais. »

Je me levai, et m'adressant à La-Plaigne, je le priai de passer dans son cabinet, il me précéda. « Je réponds, » lui dis-je, aux menaces de votre » femme, par la demande du rem- » boursement de 4000 francs que je » vous ai avancé, et de l'argent que » j'ai fourni pour les provisions et les » dépenses de ménage dans lesquel- » les il est juste que je participe pour » ma part, mais pas au-delà. »

Il prit mon argument sur le ton de la plaisanterie, mais j'insistai ; il fut consulter sa femme. La loi du lieu était précise : l'article *d'éconduction* me fut appliqué. Madame, d'un ton étudié, vint me dire que si leur société ne me convenait pas, j'étais libre de ne plus revenir.

Je payai cette impertinence d'un regard de mépris, et sortis sans mot dire. Mon intention était d'attaquer

La-Plaigne devant les tribunaux; mais je devais à Eléonore de ne pas employer un tel moyen; il s'en présenta un autre pour punir sa mère et faire échouer une conspiration dont je vais rendre compte; je le saisis.

J'avais bien traité la femme-de-chambre de madame La-Plaigne pendant que je fréquentais la maison; lorsque nos relations furent rompues, je vis venir chez moi cette domestique (Lucille). Elle m'apprit qu'il avait été arrêté en conseil d'habitués, qu'Eléonore serait extraite de chez madame Campan, et tenue prisonnière dans la maison paternelle. L'enlèvement devait s'opérer dans 24 heures.

Je dépêchai Lucille à Saint-Germain, avec une lettre. Elle pénétra facilement auprès de sa jeune maîtresse, en s'annonçant au nom de madame La-Plaigne, et raconta tout ce qu'elle savait du complot dont j'ai parlé. J'engageais Eléonore dans ma lettre à avertir madame Campan, et à s'en faire un appui contre les trames de sa mère, en attendant des secours que je lui porterais bientôt.

Lucille, à son retour, me remit une réponse d'Eléonore, dans laquelle elle me protestait de l'inviolabilité de ses promesses, de son dévouement à suivre mes conseils. Elle m'envoyait aussi deux lettres de sa mère où j'étais horriblement traité. Suivant madame La-Plaigne, j'étais altier, irascible à l'excès, jaloux, libertin, je ne pouvais faire qu'un mauvais mari. Elle défendait à sa fille de penser à moi, et lui déclarait formellement qu'elle ne serait jamais ma femme.

J'observe, en passant, que ces lettres étaient connues de madame Campan, et m'avaient très mal noté dans son esprit.

Tel était l'état des choses, lorsque je dus agir pour m'opposer au déshonneur d'Eléonore.

Pour réussir, il me fallait obtenir l'appui de madame Campan; mais elle était prévenue contre moi. Il s'agissait de la dépersuader, et l'instruire des noirceurs préparées par madame La-Plaigne.

J'étais alors employé, sans rétribution aucune, et par le seul plaisir d'obliger, auprès de M. le général Davrange d'Haugeranville, inspecteur aux revues des première et quinzième divisions militaires (1). Ce gé-

(1) Ce général m'avait connu quartier-maître du 15e. régiment de dragons.

néral, par échange de procédés, s'intéressait à mon union avec Eléonore. Il apprit avec indignation la conduite de sa mère envers moi. Madame Campan lui était intimément connue ; il m'offrit de me présenter à elle.

Nous profitâmes de la revue du troisième régiment de cuirassiers, en garnison à Saint-Germain, pour faire cette visite.

Je trouvai dans madame Campan une femme de difficile accès, armée de beaucoup d'esprit, et de fortes présomptions contre moi.

Le général n'eut qu'à faire mon éloge pour détruire les accusations absurdes dont madame La-Plaigne m'avait chargé ; mais elle s'informa si j'étais riche. La réponse me fut avantageuse. Madame Campan me fixa avec complaisance et m'adressa obligeamment la parole.

Le lecteur le plus sceptique ne pourra douter que je ne fusse alors dans un grand état d'aisance. Certes, si je n'avais pas eu un capital réel, les La-Plaigne, incapables de se tromper, en fait d'écus, n'eussent pas recherché mon alliance. Je possédais alors plus de cent mille francs en porte-feuille, comme je l'ai déjà observé.

Madame Campan me dit des choses aimables pendant notre visite, et sur la demande que je lui fis d'un entretien particulier, elle m'accorda une audience pour le lendemain matin.

Je fus introduit dans un corps de logis éloigné du pensionnat, *parce que l'éclat d'un uniforme fait tour-*

*ner les têtes des jeunes filles.* Tel fut le motif qui servit de justification à madame Campan, pour ne pas me recevoir dans sa propre demeure, comme la veille.

Je tenais plus à la réalité de la conférence qu'au lieu, et nous fûmes bientôt d'accord; nous le devînmes aussi, en peu de mots, sur l'objet de mon voyage à Saint-Germain.

« Je suis convaincue, me dit ma-
» dame Campan, que madame La-
» Plaigne a l'intention de vendre
» cette pauvre Eléonore, et de me
» faire rougir de l'avoir comptée au
» nombre de mes élèves. J'ai pris la
» résolution d'intéresser les grands
» de l'empire à son sort. Elle a été
» compagne de toutes les princesses
» de la dynastie impériale; j'ai sur
» celles-ci, leurs époux et même

» l'empereur, je ne dirai pas tout
» crédit, mais tout pouvoir, et, en
» dépit de madame La-Plaigne, je
» ferai le bonheur d'un enfant digne
» de tous mes soins. »

Là, madame Campan m'examine. J'étais rayonnant de joie, et satisfait de son triomphe. Elle continue :

« Le prince Murat a déjà pris part
» à la position d'Eléonore, et mani-
» festé le désir de contribuer à sa
» fortune ; mais il faut d'abord la
» marier, c'est le point principal.
» Vous avez bien fait de chercher à
» l'épouser. Je reconnais en vous de
» l'esprit, et si vous joignez à ce don
» de la nature du jugement, de la
» souplesse ; si, surtout, vous êtes
» confiant dans la vertu de votre fem-
» me, qui en est digne, comme le
» fut mon époux dans la mienne,

» quoiqu'il me vît entourée des piè-
» ges que l'âge et les grâces évitent
» rarement à la cour, vous serez
» comblé de biens et d'honneurs. »

Malgré mon admiration pour l'esprit de madame Campan, cette reprise du discours ne fut pas très claire pour moi. Ces grands de l'empire, dont le zèle était si empressé pour Eléonore, cette souplesse, cette résignation dont je devais me faire une loi, une fois époux, me semblaient avoir une teinte d'amphibologie dont ma raison ne pouvait se rendre compte. Mais quelque obscurité que je remarquasse dans le discours de madame Campan, il eût été déplacé de ma part d'en provoquer l'explication. Mon but était d'épouser Eléonore, de me rendre favorable son institutrice, pour l'opposer au besoin à madame La-Plaigne, et je l'eusse manqué en combattant ses raisonnements. Au surplus, j'étais signalé comme un *jaloux*, un homme *altier*, *irascible*. J'avais à craindre que madame Campan ne me tendît un piége adroit pour connaître le fond de mon caractère qu'elle aurait mal jugé si elle avait trouvé dans mes réponses une opposition à ses préceptes. Je fus docile, et elle consentit à seconder mes vues. Je reçus sa parole d'honneur qu'Eléonore ne sortirait pas de la pension, qu'elle la refuserait même à l'autorité paternelle, dont elle neutraliserait l'effet en faisant usage de son grand crédit.

Bien m'en valut de prendre ces précautions, car madame La-Plaigne ne tarda pas à se présenter pour réclamer sa fille.

Madame Campan refusa net de mettre Eléonore à sa disposition.

Madame La-Plaigne perdit toute retenue, elle chargea d'imprécations madame Campan, fit les menaces les plus outrées; mais son adversaire, certain de la victoire, répondit avec calme et dignité aux fureurs de cet Oreste femelle. Trompée dans toute ses espérances, et forcée de se retirer sous peine d'être chassée de la maison, madame La-Plaigne entra dans des convulsions horribles, elle saisit sa fille et voulut l'entraîner; mais Eléonore résista et la furie sortit en poussant des cris de rage.

Lucille s'empressa de venir me faire la relation de la scène tragique de Saint-Germain. Elle ajouta que la consternation régnait parmi les conjurés. Ensuite elle porta à madame

Campan mes actions de grâces, et à Eléonore des félicitations. Je reçus en échange, de nouvelles assurances de leur fidélité au concordat, dont l'exécution devait assurer mon triomphe.

## §. III.

*Changement de conduite de madame La Plaigne. — Conclusion et célébration de mon mariage.*

QUAND la bile de madame La-Plaigne fut appaisée, le quart-d'heure de Rabelais sonna. Le bordereau de la caisse produisit zéro au résultat. Aucun fournisseur ne s'était présenté depuis moi, et les gourmands étaient menacés d'observer la diète. On tint conseil; il fut mis en question si on ferait valoir contre madame Campan l'autorité paternelle pour s'emparer d'Eléonore, ou si on rappellerait le fournisseur déserté, en lui offrant le titre de gendre.

Le besoin dicta la délibération, et

madame La-Plaigne vint inopinément tomber à mes genoux, se rendre à discrétion, et me demander l'oubli du passé.

J'avais vaincu, la générosité devait couronner ma victoire; je n'exigeai qu'une garantie : le consentement au mariage par acte notarié. On me le remit revêtu de toutes les formalités; j'ouvris encore ma bourse, et la fin de nos dissensions devint la date de mes infortunes.

Les signatures au contrat furent apposées le 6 nivôse an 13, à Paris, chez Me. l'Alleman, notaire; et le 8, à Saint-Germain. Madame Campan, mademoiselle Tacher de la Pagerie, dont les destinées étaient prévues, et mademoiselle Stéphanie Beauharnais, aujourd'hui grande duchesse de Bade, me firent l'honneur de m'accorder leurs noms.

La noce fut célébrée à Saint-Germain. M. le curé reçut les époux sous le dais; il y eut pompe dans la cérémonie. L'amour conjugal termina les fêtes, et cet amour ordinairement trompeur fut de bonne foi; j'en conviens avec toute la franchise d'un galant homme. Eléonore m'apporta la dot morale que sa conduite avait promise : une ame honnête et pure qu'elle m'a reprochée depuis.

Cette justice que je me plais à rendre à Eléonore dans le moment où je prépare le tableau des désordres de sa vie, n'est qu'un témoignage sorti sans effort de ma conscience. Je pense même que sans des conseils dictés par la cupidité, ma femme eût vécu en bonne mère de famille. Hélas ! il en a été autrement par les infâmes calculs du vice, source de toutes les dépravations.

## §. IV.

### *Nuages domestiques.*

Après notre mariage, ma femme me témoigna le désir d'habiter encore Saint-Germain. J'y consentis d'autant mieux, que la maison destinée à la recevoir n'était pas encore prête. Nous voyions souvent madame Campan. Eléonore avait de fréquents entretiens avec elle, et je remarquais involontairement que son visage était très enflammé à la fin de ces tête à tête; mais n'ayant aucun motif pour me défier de pareilles conférences, je me contentais des récits que ma femme ne manquait jamais de m'en faire, quand nous nous retrouvions seuls, et d'après lesquels le temps aurait été employé à des instructions détaillées sur les devoirs d'une jeune épouse. Quand Eléonore se crut assez instruite, elle me proposa de nous rendre à Paris. Ses volontés étaient des lois pour moi; je louai et nous habitâmes un grand appartement dans le quartier Saint-Honoré où j'avais ma demeure de garçon, en attendant que la maison pour laquelle j'avais passé bail, fût entièrement en état.

Les visites, les spectacles, les promenades, occupaient le temps que me laissaient les affaires. Je ne négligeai rien pour rendre le séjour de Paris agréable à ma femme; mais elle perdait sensiblement de son à plomb et de sa gaîté. Son piano, ses crayons restaient abandonnés. Son portrait, qu'elle avait commencé pour moi, avançait lentement. Si je lui demandais la cause de ces innovations dans ses habitudes, je voyais le ton de son visage démentir ses réponses. Un jour, entre autres, je la trouvai, en rentrant chez moi, occupée à écrire une lettre qu'elle s'empressa de chiffonner et jeter au feu au moment de mon apparition.

Les observations que j'avais faites jusque-là, me causaient de l'inquiétude ; j'avoue que celle-ci me donna de l'ombrage. Eléonore répondit avec aigreur aux questions ménagées que je lui adressai : « Je ne devais pas » espérer pouvoir la traiter en es» clave ! Elle n'avait aucun compte » à rendre de ses actions ! Elle saurait » bien se soustraire à ma tyrannie !.. » D'autres propos de même sorte furent ajoutés aux premiers ; je restai stupéfait. Il se fit entre nous un silence profond que les sanglots d'Eléonore seuls interrompaient de temps en temps. Je pris enfin la parole, et priai ma femme de m'expliquer l'énigme de cette scène extraordinaire. Ses larmes redoublèrent. Je m'approchai d'elle pour les essuyer et je fus repoussé. Sa femme-de-chambre entra dans l'intervalle, je lui trouvai un air de mystère et de préoccupation jusques dans l'emploi de son temps. Quand cette fille se fut retirée, par mon ordre, il commença entre Eléonore et moi une explication vive.

Je débutai par rappeler à ma femme le principe de notre liaison, les difficultés que j'avais surmontées pour la posséder, ma persévérance à combattre les desseins de sa mère, et d'empêcher son début dans le monde par une faute qui influe nécessairement sur le reste de la vie. A ces preuves de mon attachement, j'osai ajouter celles non équivoques des sacrifices pécuniaires que j'avais consentis par amour pour elle. Eléonore se crut outragée au dernier point. Elle prétendit que je lui reprochais tacitement d'avoir acquis et payé plutôt qu'obtenu sa main, et se livrant à une douleur vraie ou simulée, elle accusa le destin, ses parents, madame Campan, s'accusa elle-même d'avoir formé des liens qui lui préparaient des peines dont la jalousie qu'il lui plaisait de me supposer était, suivant elle, le sinistre présage. Ses pleurs devinrent plus abondants après cette sortie bizarre ; elle me quitta pour aller s'enfermer dans un cabinet.

Le choc était violent ; je sortis pour me recueillir. En rentrant à l'heure du dîner, mon domestique m'avertit que la femme-de-chambre était partie pour Saint-Germain, peu de temps après moi, à la suite d'un entretien court, mais très animé, qu'elle avait eu avec mon épouse. Ce nouvel incident, loin de calmer mes soupçons ne fit que les augmenter. Eléonore prévenue qu'elle était servie, parut en pupille affligée et garda un silence boudeur pendant le repas. De pareilles dispositions d'esprit et de cœur s'opposaient à un éclaircissement; j'imitai l'exemple de ma femme, et cet état de choses dura plusieurs jours.

## §. V.

### *Raccommodement.*

PENDANT ce premier trouble de ménage, on se mettait à table, on en sortait, on se couchait, on se levait, on se quittait, on se retrouvait sans proférer une parole. Le retour de la femme-de-chambre dissipa l'orage et ramena le calme.

Cette domestique, qui était la fille du portier du pensionnat, parut le troisième jour de son absence, à l'issue de notre dîner. Elle débuta auprès de moi par des excuses sur la longueur de l'absence qu'elle s'était permise à mon insu, puis elle me remit une lettre de madame Campan, avec un air de satisfaction qui semblait présager d'agréables nouvelles.

J'ouvris la missive. Le style en était frivole et enjoué. On me demandait si les malices de l'amour n'avaient pas troublé encore les délices de l'hymen ; si le couple époux ne différait pas déjà du couple amant ; si la possession n'avait pas diminué le charme du desir ; si l'écolière et l'épouse étaient encore les mêmes, ou si le dernier personnage avait fait éclipser l'autre. Je remis la lettre à ma femme en la priant de répondre, surtout à la dernière question. Elle rougit. Ses yeux qui, avant, exprimaient le souci, brillaient de leur éclat accoutumé ; un sourire enchanteur fit disparaître l'air sombre et sévère d'un visage courroucé : je crus retrouver mon Eléonore, et la paix fut faite.

## §. VI.

*Fausse sécurité.—Indices funestes.—Catastrophe.*

MALGRÉ la satisfaction que me causait la reprise de mes communications avec Éléonore, une voix secrète me disait que ni sa colère ni son retour n'étaient naturels. Je ne pouvais effacer de ma mémoire cette lettre brûlée que l'on écrivait furtivement en mon absence ; je ne pouvais expliquer, en faveur de mon épouse, le voyage de la femme-de-chambre à St.-Germain, les rapports de celle-ci, la lettre de madame Campan.... ; mais j'aimais Éléonore ; elle pouvait n'être qu'étourdie, et si la raison l'accusait à mes yeux, mon cœur prenait sa défense et ses grâces la justifiaient.

Une semaine s'écoula sans que mon épouse me donnât aucun motif de mécontentement. Elle était rentrée dans ses habitudes, et se cachait pour me forcer à découvrir sa retraite. Je la voyais me quitter à regret quand mes affaires m'appelaient en ville; elle accourait au-devant de moi quand j'arrivais, et souvent elle guêtait ma rentrée; si j'entrais sans être aperçu, je la voyais occupée à un travail utile ou à des études d'agrément. Mais la nuit, son sommeil était agité; elle poussait des soupirs douloureux; sa poitrine oppressée annonçait des peines; son réveil n'avait plus les charmes des premiers jours de notre union; les retours de tendresse ne venaient que lentement et par degrés; ils étaient plutôt le fruit de la réflexion que des élans du cœur. Je me perdais en conjectures; un pressentiment confus m'indiquait l'existence d'une intrigue, funeste à ma tranquillité et à mon honneur. Un matin, à la pointe du jour, je sommeillais dans ces doutes inquiétants, quand des coups redoublés à ma porte et le bruit de la marche de plusieurs hommes vinrent changer mes soupçons en certitudes. Un commissaire de police, avec main forte, m'arrêta, *de par l'empereur*, et sans me donner d'autre temps que quelques minutes pour faire mes adieux à mon épouse; après qu'il eut scrupuleusement fait perquisition dans mes papiers, il me fit enlever et conduire à la Préfecture de police.

Je fus ainsi obligé d'abandonner ma femme, mon domicile et mon avoir.

Je le demande aujourd'hui à Éléonore et à ses parents ! que devinrent les objets de toute nature que je n'emportai certainement pas avec moi, et dont je n'ai plus rien vu, excepté un paquet de vieilles hardes que l'on me fit remettre à la conciergerie ; et un second paquet, aussi ridicule que le premier, que je reçus dans la prison de Dourdan ? Qui s'est emparé de ce qui m'appartenait, que je n'ai pas dû penser à mettre en sûreté, puisque je le laissais entre les mains de ma femme ? Qu'est devenue surtout une cassette en noyer, à double fonds, contenant mon portefeuille, que je n'eusse pas cédé pour cent vingt mille francs ? Que sont devenus mes papiers de famille et d'affaires, ma garderobe, etc., etc. ? Tout a disparu pour moi, du moins on a eu soin de ne pas en faire constater le nombre et la valeur par l'officier de justice indiqué par la loi, dans l'intention de m'en faire perdre la trace, et d'éviter, par cette honnête manœuvre, les réclamations de mes héritiers, car alors on ne comptait pas sur la possibilité des miennes.

## §. VII.

### *Accusation.*

Je demeurai plusieurs jours à la Préfecture dans l'ignorance du motif ou du prétexte qui avait causé mon enlèvement. Sur mes instances, je fus interrogé. Le fonctionnaire chargé de cette mission me représenta une traite de deux mille francs, tirée par moi, et acceptée par le sieur La Feuille, quartier-maître du 10e. régiment d'infanterie légère.

Ce La Feuille, dont je parlerai bientôt, avait joué un rôle dans mon mariage; il avait négocié pour moi auprès de la famille La-Plaigne et madame Campan. Le lecteur se prémunira sans doute contre l'*illusion* des apparences, avant d'avoir apprécié la vérité du fond dans une affaire où de *puissants* intéressés à me nuire ont tout pu et tout osé.

La traite en question, passée à l'ordre du sieur Sorel, aubergiste à Saint-Germain-en-Laye, avait été arguée de faux, attendu que La Feuille avait refusé de reconnaître la signature mise au bas de l'acceptation.

Je répondis que la signature La Feuille était la sienne, et qu'il ne pouvait y avoir de doute sur sa légitimité. Quand il eut reçu mes réponses, l'interrogateur fit introduire madame La-Plaigne, qui eut la bassesse de venir s'amuser de mon horrible position, née de sa jalousie, suite nécessaire des desirs trompés chez une telle femme, et récompense des bienfaits dont je l'avais comblée. Une joie féroce s'exprimait par ses yeux. Je lui demandai des nouvelles d'Éléonore : un sourire sardonique fut sa réponse. Indigné de ce raffinement de barbarie, je demandai à être éloigné de cette misérable créature ; je fus reconduit à la prison, et le soir transféré à la conciergerie.

Mon infâme belle-mère me poursuivit jusque dans la basse-fosse où je fus jeté. *Intime d'un juge criminel, et familière avec la maison de justice,* elle en fit ouvrir la grille ; et, pour que rien ne manquât à la perfection de ses vengeances, elle défendit qu'il me fût donné d'autre nourriture que celle délivrée aux prisonniers sans ressources pécuniaires, certaine par l'extorsion de ma fortune, commise lors de mon enlèvement, que je me trouverais livré aux horreurs du besoin.

## §. VIII.

*Instruction de la procédure. — Démarche d'un grand personnage auprès de moi. — Premier trait de lumière sur la véritable cause de mon emprisonnement.*

La Feuille fut assigné à comparaître devant le juge-instructeur de mon affaire, pour être entendu sur la traite qui avait motivé la plainte en faux et mon arrestation. Au moment où le juge lui représenta la pièce, il fit un mouvement d'hésitation qui attira toute l'attention du magistrat. Peu s'en fallut que le remords n'arrachât à La Feuille un aveu conforme à la vérité; mais, par crainte de se trouver en contradiction avec sa réponse au protêt, et de s'exposer à des poursuites de ma part, il continua à nier. L'affaire acquit alors tout son caractère de gravité, et l'instruction eut son cours.

J'étais dans l'attente des événements, dont la cause était mystérieuse pour moi. J'étais aussi sans nouvelles d'Éléonore, qui n'avait pas daigné répondre à plusieurs lettres que je lui avais adressées. Ma situation était celle d'un homme vivant encore, mais dont l'existence a été paralysée par un coup de foudre. madame Dénuelle, tante germaine d'Éléonore, vint me voir en prison, et me trouva dans cet état. Sa visite ne fit que l'aggraver.

Cette parente, que j'ai toujours cru bonne et honnête, connaissait le malheur; je l'estimais. Son langage ne pouvait m'être suspect. « Soyez » (me dit-elle, après les mots d'un » premier abord), soyez docile, » résigné, pour éviter les coups qu'on » vous portera si vous faites résis» tance. »

Je lui répondis en gémissant : « Où est, que fait Éléonore? » *Éléonore était perdue pour moi, du moins on le croyait.* Le reste de l'entretien s'exprima par des regards douloureux, des larmes, des serrements de main. Nous étions seuls, dans un réduit obscur que madame Campan a connu depuis, peut-être, et qui lui aura rappelé mon séjour dans un lieu où de ses proches m'avaient précédé, et d'où il aurait été plus glorieux pour elle de me faire sortir que de m'y avoir fait précipiter.

Après le départ de madame Dénuelle, deux amis pénétrèrent successivement jusqu'à moi, et ce n'était pas facile sans protection, puisque n'étant pas interrogé je ne devais, d'après les réglements locaux, être admis en communication avec personne. Ils me confirmèrent les tristes nouvelles que je balançais de croire, même depuis leur témoignage. Il me fut bientôt impossible d'en douter.

On m'appelle au greffe; j'y trouve un officier de l'état-major de Paris, qui s'énonçant avec la hauteur que lui inspirait sa mission, me remet une lettre de la part de la *princesse Caroline*. Il exigeait sur-le-champ une réponse. Je déchirai l'enveloppe: l'écriture de ma femme me fit tressaillir d'abord, mais les premiers mots me confirmèrent les révélations qui venaient de m'être faites. L'esprit de cette diatribe, ainsi que la rédaction, étaient de madame Campan; son style m'était familier et je ne pus m'y tromper. *Madame Eléonore* (elle avait déjà, d'autorité privée, quitté mon nom), à la suite d'un fatras d'injures combinées par le rédacteur, concluait à la demande de mon consentement à un divorce nécessaire *à sa tranquillité et à son bonheur.* Le trait serait plaisant s'il n'était pas horrible. On me prie d'assurer la *tranquillité* et le *bonheur* de ma femme aux dépens des intérêts de mon cœur et de mon amour propre ? Il faut que je fasse le sacrifice de mon épouse, parce qu'elle entrevoit le *bonheur* autre part qu'auprès de moi, hors des liens qui nous unissent ! Sans moi, ce *bonheur*, cette *tranquillité*, ne peuvent s'obtenir ; et aux yeux de madame Campan et d'Eléonore, je suis comptable envers elles de la non réussite de leurs desseins ! « Le message mérite » réflexion, répondis-je à M. Lebri-

» gant (c'est le nom de l'officier) ; » je ferai connaître mes détermina- » tions. » Ne pouvant rien obtenir de plus, M. Lebrigant exigea un reçu de la dépêche ; je le lui donnai et il se retira.

Après qu'il m'eut quitté, j'eus la force de lire toute la lettre d'Eléonore. Elle était digne du jugement et de la moralité de sa directrice. *Rien sans intérêt* étant sa maxime, elle n'avait eu garde de me demander *quelque chose* pour *rien*. En échange de ma *docilité*, ma femme avait la *grandeur d'ame* de m'offrir la protection des *illustres* dont sa fortune dépendait pour me tirer de la procédure dans laquelle je m'étais, elle aurait du dire, on m'avait engagé.

Indigné d'une telle perfidie, et résolu d'abandonner une femme déjà perdue, je signai le consentement.

## §. IX.

*Poursuite de la procédure.*

Si le code eût exigé moins de formalités et de délais pour l'obtention d'un divorce par consentement mutuel, l'accusation abominable dont j'étais l'objet n'aurait pas vu le jour ou serait tombée d'elle-même. Le divorce eût été prononcé sur-le-champ; on n'eût pas été obligé de rechercher l'odieuse entremise d'un La Feuille; mais la liberté des époux, ainsi que leur comparution en personne, étant une des conditions expresses de la loi sur cette matière, et les *protecteurs* d'Eléonore craignant de me trouver insoumis, s'ils me rendaient à la société, il fut arrêté que je resterais dans les cachots et que la procédure serait activée.

La cour criminelle de Paris s'étant déclarée incompétente, attendu que Saint-Germain, lieu de la date de la traite, était du ressort de Seine-et-Oise, je fus transféré à Versailles.

Je restai plusieurs mois sans être interrogé. Ma femme me laissa sans nouvelles comme sans secours, et pendant que madame La-Plaigne et son mari faisaient une chère exquise et se vautraient dans les plaisirs et la débauche, à mes dépens, j'arrosais de mes larmes le morceau de pain noir qui sert de nourriture aux prisonniers.

La prudence me faisait un devoir du choix d'un défenseur, j'avais entendu parler des talents de M. Lebon, qui plaidait habituellement à Versailles; je lui offris ma cause, et il l'accepta, après en avoir entendu le précis à peu près en ces termes :

*Précis de l'affaire qui servit de prétexte à mon emprisonnement.*

Ainsi que je l'ai avancé, en quittant le 15e. régiment de dragons, je donnai, par obligeance pour M. le général Davrange d'Haugeranville, quelques soins aux travaux de l'inspection aux revues des Ire. et 15e. divisions militaires.

Le 10e. régiment d'infanterie légère était en garnison à Évreux ; la comptabilité de ce corps était arriérée, et en contestation, je fus chargé de sa vérification, et j'en démontrai les défauts, mais mon travail fut rejeté.

Quoique mon intervention dans le réglement des comptes du 10e. régiment ne fût d'aucune importance légale, il n'en était pas moins vrai que les vices qu'ils présentaient m'étaient connus : sous ce rapport, j'étais un homme à craindre pour Lafeuille. Cet officier possédait au dernier degré la souplesse et la dissimulation ; il crut ne devoir rien négliger pour effacer dans mon esprit ou au moins affaiblir l'impression défavorable que sa comptabilité y avait fait naître.

Les défauts que j'avais découverts remontaient à des époques où les assignats et les mandats étaient en circulation. La Feuille rejetait sur ses secrétaires (souvent influents dans les troupes), ce que j'avais vu de répréhensible dans ses écritures. L'inspecteur pensa comme lui. Au surplus, il est des cas où le vérificateur d'une comptabilité régimentaire peut hésiter sur le fond, alors même qu'il y a violation de formes. Je ne devais pas m'ériger en Don-Quichotte : je me contentai d'établir les bases d'une comptabilité régulière pour l'avenir au 10e. régiment.

Les travaux auxquels je m'étais livré avaient donné lieu à de longues communications entre La Feuille et moi. Cet adroit personnage, qui s'attachait à connaître les moindres détails de la vie de ceux qu'il fréquentait, poussa, auprès du général Davrange, ses questions à mon égard jusque sur ma fortune. Il apprit que je jouissais d'une aisance honnête, mais il s'arrêta à un plan que j'avais mis au jour sur la fourniture générale des troupes. Il sut que ce plan, appuyé par de grands capitalistes, allait s'exécuter, et l'ambitieux La Feuille forma des projets de fortune. Il m'accompagna à Paris : je le produisis dans la maison La-Plaigne où il plaida pour moi ; je l'introduisis chez madame Campau, pour faire parvenir à Éléonore une boîte de crayons dans un double fonds, de laquelle se trouvait ma correspondance avec sa mère, et le détail des démarches inutiles que nous avions tentées pour obtenir son consentement au mariage. On m'aurait trouvé bien ingrat si je fusse resté insensible à tant de preuves de dévouement ! Qui, à ma place, par habitude de reconnaissance, n'eût accordé son amitié à La Feuille?

Différentes circonstances se présentaient pour être utile à La Feuille, et je les saisis. Il eut besoin de fonds, et je lui prêtai jusqu'à la concurrence de douze mille francs, dont il me remboursa ensuite. J'eus besoin, à mon tour, et je reçus le même service, qui fut également suivi de remboursement. Nous en étions venus au point de disposer réciproquement de nos bourses comme de notre influence et de notre crédit en faveur l'un de l'autre.

Les sacrifices que j'avais faits pour obtenir la main d'Éléonore, des rentrées en retard, des pertes m'avaient mis à court d'effectif aux approches de mon mariage. La Feuille m'autorisa à en user librement avec lui comme il l'avait fait avec moi. Je négligeai tous les autres moyens, dont il m'était possible de me servir pour me procurer du comptant, dans l'intime persuasion que j'en trouverais chez La Feuille, au fur et mesure de mes besoins. Je lui mandai de me faire passer du numéraire, et il garda le silence.

J'écrivis de nouveau, et La Feuille, *dans un style entortillé*, promit, au moyen d'explications, de faire ce que je souhaitais.

Je me rendis à Evreux avec ma femme. Je vis La Feuille quelques minutes après mon arrivée. Il s'excusa du retard qu'il avait mis à remplir mes vues sur le manque de fonds réels ; il m'offrit en remplacement son acceptation sur Paris, mais au lieu de dix mille francs dont j'avais besoin, il ne voulût en consentir que deux mille, ne pouvant, disait-il, mieux faire pour le moment, mais sous la promesse de m'envoyer incessamment le reste de la somme.

La traite fut passée à l'hôtel du Grand-Cerf, tenu par le Sr. Lelarge. La Feuille donna de l'argent au valet de l'auberge pour aller acheter le papier (1). Au retour du valet, je fis l'effet et le signai (2). La Feuille prit la traite, disait-il, pour l'enregistrer; il l'emporta chez lui, et, quelques instants après, il me la rapporta avec une somme d'environ trois cents fr., résultat d'anciens comptes.

Il fallait couvrir La Feuille, et je le fis en un effet de la même somme, qu'il reçut en échange.

Après cette opération, je me mis dans ma voiture pour retourner à Saint-Germain. La Feuille vint à

---

(1) Ce fait a été déposé par le valet lui-même, à l'audience.

(2) Il était ainsi conçu : « Il vous plaira payer » à M. (Ici un blanc existait ), chez M. Norbe- » lin, négociant à Paris, rue St.-Honoré, n°. . . . » la somme de 2000 fr., etc. »

L'adresse était au sieur La Feuille, quartier-maître au 10e. régiment d'infanterie légère.

moi en présence du sieur Lélarge et des gens de la maison, ordinairement accoutumés à s'approcher d'un voyageur partant ; il me parla ainsi : « Sois tranquille, à l'échéance les » fonds seront faits. »

J'arrive à Saint-Germain, où mon intention n'était pas de séjourner plus long-temps. Je demandai mon compte à l'aubergiste Sorel ; il me donna le montant, composé du repas de ma noce et de nourriture subséquente ; la somme était de 2000 fr.

Sorel était accoutumé à moi, je l'avais toujours bien payé, et fait beaucoup de dépense pendant mon voyage à Saint-Germain. Je lui dis que pour le moment, faute de fonds, je ne pouvais solder son mémoire, mais que j'offrais de le reconnaître avec l'engagement de le payer dans le mois.

Sorel hésita, puis il me demanda si je n'avais pas de papier sur Paris, dont il se chargerait sous la double condition de me tenir quitte ou de me restituer le papier en cas de non paiement. C'est dans mon appartement, chez Sorel, qu'eut lieu cette conversation. Sans doute que cet aubergiste avait appris de mon cocher, qui appartenait à son beau-frère, mon loueur de carosse, les arrangements que j'avais faits à Evreux. Ce garçon entendit distinctement les paroles que m'adressa La Feuille quand je fus monté en voiture.

Je ne vis aucun inconvénient à me rendre aux désirs de Sorel, et je lui confiai la traite de deux mille fr., à la condition de demeurer son débiteur jusqu'à paiement.

Dans la bonne foi de ces arrangements je pars pour Paris, après avoir arrêté le compte de Sorel, et m'être reconnu son débiteur de deux mille francs.

Qu'arriva-t-il? Sorel se rend à Evreux; il présente la traite à La Feuille, qui promet de l'acquitter à l'échéance (1).

Alors Sorel, renseigné favorablement, garda la traite.

Au jour de l'échéance; La Feuille est tenu de solder!... la traite lui est représentée.... il nie que la signature d'acceptation soit la sienne.

De-là protêt, plainte de la part de Sorel, et mon arrestation.

Mais quelle est la main qui m'a décoché cette flèche empoisonnée?

---

(1) Le fait a été déposé à l'audience.

*Explications et rapprochements de faits matériels.*

Je suis le débiteur de Sorel d'une somme de 2,000 francs.

J'ai le désir le plus prononcé de m'acquitter envers lui. Ma correspondance avec La Feuille, et mon voyage le prouvent.

Ce voyage n'a été entrepris que d'après une lettre de La Feuille.

Je rapporte d'Évreux et *confie* à Sorel une traite depuis contestée ; mais remarquons que Sorel ne la reçoit que conditionnellement, qu'il me regarde toujours comme son débiteur, qu'il reste nanti de son mémoire, arrêté et reconnu par moi.

Je dois reproduire l'observation essentielle que Sorel a déclaré à l'audience, qu'il me connaissait pour *une bonne pratique, que je l'avais toujours bien payé.* Et en effet, j'avais dépensé beaucoup d'argent dans les fréquents voyages que je faisais à Saint-Germain pour voir Éléonore, soit seul, soit avec le glouton La-Plaigne et sa friande moitié !

Remarquons surtout que La Feuille consent à payer l'effet la première fois qu'il lui est présenté. Eût-il fait cette promesse si l'effet eût été faux ?

A l'échéance, il refuse de reconnaître le même effet.

Ne perdons pas de vue que La Feuille est nanti d'un autre effet du même jour, consenti par moi à son profit, pour se couvrir de son acceptation au premier.

Ai-je négocié la traite acceptée par La Feuille ? En ai-je retiré le moindre avantage ? Non. Si j'avais entendu donner la traite en payement, si Sorel l'avait reçue à ce titre, il m'eût quittancé son compte. Il le garde au contraire avec mon obligation au bas. Si l'effet avait été donné en *quitus* de compte, j'eusse rempli le blanc réservé pour le nom du porteur, du nom de Sorel. Cette opération a été faite plus tard, mais c'est par Sorel lui-même et de son écriture. Les débats ont offert la preuve de ce fait.

Supposons pour un moment que la traite fût fausse: quel avantage retirai-je en la mettant à la disposition de Sorel? Je ne reçois rien en échange, il ne résulte pour moi aucun bénéfice de cette remise.

Pensera-t-on que j'aie voulu calmer Sorel? Mais que me pouvait-il? On l'a entendu dire à l'audience: *que je l'avais toujours bien payé, que j'étais pour lui une bonne pra-*

*tique*. Il n'est pas présumable qu'il m'eût poursuivi en justice pour l'acquittement de son mémoire; et au pis aller, l'eût-il fait, qu'avais-je à redouter? une cédule en conciliation devant le juge de paix.

Et l'on penserait que, pour me préserver de la moindre des actions civiles, je me serais exposé à subir une procédure criminelle? Si je l'avais fait, je serais un insensé; et un acte de démence ne fut jamais regardé comme un crime: mais j'avais l'usage de la raison, et personne ne croira que j'aie moi-même voulu combiner et exécuter la perte de mon honneur.

Cependant, me dira le lecteur, quoiqu'ébranlé par l'évidence, quel peut être le motif de la conduite de La Feuille et de Sorel?

Voici ma réponse:

Tout ce qui choque le bon sens a une cause secrète.

Ma femme est devenue la maîtresse d'une tête couronnée : il est naturel de penser que lorsque le ravissement fut arrêté, on mit en question le sort du mari.

On peut citer des princes qui ont enlevé la femme d'un sujet ; mais je ne sache pas qu'aucun, jusqu'à Murat et Buonaparte, ayent conçu et exécuté à la fois l'inutile, stupide et horrible projet de réduire le mari à la mendicité et à la perspective de l'infamie.

Il m'était réservé d'éprouver l'affront, de souffrir la faim, et d'être menacé du sort des malfaiteurs.

L'affront ne peut se nier.

La faim ? hélas ! j'en atteste mes geoliers !

La perte de mon honneur ou de

ma vie eût été la suite indispensable de ma ténacité à ne pas vouloir faire le sacrifice de la personne de ma femme.

C'est pour me forcer à ce sacrifice qu'il me fut intenté une action criminelle.

La Feuille, qui n'avait que dissimulé sa haine envers moi depuis que je l'avais convaincu de mauvaise gestion, devint l'instrument de Murat et de Buonaparte, par une machination infernale, ourdie dans l'ombre, dans laquelle il est impossible que Mme. Campan n'ait pas trempé.

Tel est le principe de cette malheureuse affaire.

Tout esprit juste se dira que ma perte était arrêtée ; et la marche qu'on a suivie, à mon égard, lui démontrera qu'on la voulait sans encourir le blâme d'une action violente.

On l'attendait de mon désespoir. Et ne devaient-ils pas l'attendre en me faisant craindre en même temps l'injustice des hommes, l'influence du pouvoir, la vilité naturelle, et les penchants vicieux de deux hommes parvenus du néant au faite des grandeurs !

J'aurais abandonné la vie avec une sorte de plaisir, tant l'infortune pousse l'homme vers l'idée de sa destruction, si la nature ne m'eût ordonné de la conserver pour deux enfants malheureux, dont l'un pouvait, comme ma femme, être déshonoré par mes assassins, et l'autre proscrit comme son père, par le seul effet de son nom. On m'applaudira au lieu de me blâmer, de la prudence dont j'ai fait preuve dans cette occasion.

## §. X.

### *Fin du procès.*

M. Le Bon, mon avocat, jugea, dans sa dextérité, qu'il fallait faire intervenir ma femme pour intéresser mes juges. Le moyen était bon en lui-même, mais il ne pouvait être praticable, parce que ma femme se trouvait *intéressée* à m'avilir pour couvrir au moins d'une gaze son opprobre. Je ne pouvais attendre de son influence que du mal; l'adresse consistait à le diminuer.

La dissolution de mes liens conjugaux était la condition mise au bris de mes fers; mais il est des cas où un arrangement est impossible, même avec le concours et le consentement des parties intéressées. Si le prétendu législateur de la France eût pu communiquer aux Portalis, aux Malleville, l'immoralité de son ame, le code civil eût consacré la séparation des époux sur la simple demande de l'un deux, sans forme et sans délais. Il en fut autrement : les créateurs d'un corps de lois françaises voulurent conserver l'honneur et l'intégrité des familles; et, tout en admettant la possibilité du divorce, ils gênèrent les époux pour ne pas rendre la débauche une maxime de droit public. Que l'on consulte le code pour l'accomplissement d'un divorce basé sur de mauvais traitements, on trouvera que le temps pendant lequel on m'a tenu en prison, était en concordance avec les délais qu'il a fallu observer pour obtenir celui demandé par ma femme.

Il était facile d'abréger ces délais, en me faisant condamner aux fers. La seule représentation du jugement autorisait mon éternelle séparation civile de ma femme; mais l'influence du pouvoir a ses bornes auprès de la justice. Il serait plus glorieux pour elle de ne jamais lui céder; mais si des magistrats ont quelquefois des égards ou des craintes, ils sont rarement sans pudeur. La Cour criminelle de Versailles me condamna à deux ans d'emprisonnement, en jugeant contre les conclusions venimeuses du procureur-général Giraudet, que j'étais *excusable* dans le reproche qui m'avait amené devant elle.

Je ne fus pas entièrement absous; et, il faut en convenir, je ne pouvais pas l'être : la position où M. Le Bon m'avait placé l'empêchait.

Jusqu'au moment de mon jugement, j'avais soutenu les vérités que j'ai déduites sur la traite avouée et niée par La Feuille. Au moment de l'audience, M. Le Bon m'envoya, par un clerc, une lettre dans laquelle il m'annonçait qu'il ne pouvait me défendre si je persistais à ne pas me déclarer l'auteur de la signature La Feuille. *A condition de cet aveu, je serais acquitté!... Sans lui, je serais flétri!* J'avais tout à craindre; je savais que des ennemis puissants me poursuivaient, qu'ils avaient des agents apostés. M. Le Bon pouvait être instruit de leurs démarches; peut-être ne m'écrivait-il que d'après leurs ordres.

Que l'on se peigne ma position! je me voyais sur un gibet, sous la main du bourreau! Mon corps souillé des marques de l'infamie, n'était plus digne du sol qui m'avait vu naître.

J'étais coupable d'avoir donné la vie à deux êtres qui ne pourraient, sans rougir, parler de celui dont ils tenaient le jour! Dans cet état d'angoisse, quel parti devais-je prendre? La Providence ne m'abandonna pas: elle me montra tous les cœurs ouverts à l'indulgence; des juges, un auditoire repoussant simultanément toute idée de culpabilité de ma part et compatissant à mon malheur. Je me dis que nul ne pourrait me reprocher d'avoir surpris un denier à personne! Qu'il ne pourrait paraître coupable celui qui n'avait porté aucun préjudice ni offensé les mœurs.

Fort de cette impulsion divine, qui me plaça au-dessus de toute crainte, je fis dire à M. Le Bon qu'il me trouverait résigné à ses leçons.

Le clerc tint la place de M. Le Bon, le matin à l'audience, et la séance fut renvoyée au soir pour entendre cet avocat qui avait subordonné sa présence à mon dévouement à ses ordres.

J'ai trop flatté sa plaidoirie dans un moment où, pour me le rendre favorable, j'étais obligé d'employer l'encens de l'adulation. Je le comparais à *Cicéron*, à *Démosthène*.... Je laisse au barreau et au public le soin de confirmer ou de casser mon brevet.

Toutefois est-il vrai que M. Le Bon resta au-dessous de sa cause? S'il se fût contenté de me défendre négligeamment, je garderais le silence sur son compte; mais le rôle que cet avocat a joué postérieurement à mon jugement, explique l'emploi qu'il fit alors de ses moyens. Dans sa défense, il cita mal mes services militaires; il ne fit point valoir ce point essentiel de la cause que la traite n'avait été que confiée et non donnée en payement; il ne dit pas un mot de la reconnaissance de l'effet par La Feuille : le témoin seul plaida pour moi ce fait important. On ne remarqua dans le discours de M. Le Bon que des compliments amphatiques au procureur-général Giraudet, et quelques mouvements oratoires plus propres à soutenir sa réputation qu'à me justifier. J'entends M. Le Bon jeter les hauts cris en lisant ce passage : Je suis un ingrat! il m'a sauvé l'honneur! je lui dois mon existence morale!.... Cette tactique est usée. Le lecteur cherchera, dans mon avocat, la preuve de bonnes actions envers son client, et saura réduire, à sa véritable valeur, l'éclat des grands mots à petits effets.

## §. XI.

*Conventions secrètes.*

Ma cause était un morceau friand pour un avocat, un coup de fortune pour des intrigants. M. Le Bon courut à Saint-Germain dès que je lui eus confié le soin de me défendre. Soit que le Sr. Masson lui fût connu, ou que mon aventure le rapprochât, il s'opéra un mariage entre M. Masson et mademoiselle Le Bon.

Masson était le facteur de madame Campan, son caissier, son conseil, son affidé.... que sais-je? Il avait dans cette maison tous les titres et tous les pouvoirs qu'on peut s'imaginer. Il vint probablement à l'idée de la fabricante de mariages d'en faire un qui se présentait naturellement pour me tenir avec plus de sûreté sous sa dépendance, et à la disposition de ses caprices et de son intérêt. Il est dommage que les détails de l'intrigue de cette union, qui a eu à peu près le même sort que la mienne, ne figurent pas dans cet écrit : ils y font réellement lacune.

Quoi qu'il en soit, voilà Masson et Le Bon liés par l'affinité du sang. Masson, devenu ou devenant dans l'intervalle de mes désastres, avoué au tribunal de première instance de la Seine, est de droit l'avoué d'Éléonore!... Le beau-père et le gendre ont embrassé dans un instant, par le coup le plus heureux, un mari dans les fers, une jeune femme abandonnée au vice, mais concubine de Murat, Murat lui-même! l'empereur des Français! la princesse Caroline!

conséquemment la cour, les ministres.... Il me semble les voir souffler à perte d'haleine, en se félicitant mutuellement du hasard qui les avait réunis et mis dans leurs mains une mine d'or.

En toutes choses, il faut un plan de conduite; dans celle-ci, on devait faire des dupes. Pourquoi choisir?... tout le monde doit l'être, jusqu'à madame Campan, tutrice, directrice, surveillante de la sultane favorite. Mais il faut qu'elle s'affiche, que tout prouve en elle une profonde immoralité, pour qu'elle ne puisse faire un pas en arrière, une fois les débuts commencés. La sultane doit donner de l'argent, c'est le nerf de l'affaire. Madame Murat..... que doit-elle donner? de l'argent?.... N'y comptons pas, car femme plus avare n'exista jamais. Mais nous pourrons y suppléer. Aymé, intendant de Murat; Regnault-d'Angely, grand faiseur, directeur d'affaires, de plaisirs, et tant d'autres.... Tous ces honnêtes gens nous aideront à exploiter la cassette de l'auguste empereur. Ces sommes, qu'en ferons-nous? Faudra-t-il donner quelque chose au dindon de mari? Oui et non. Quel systême adopter envers lui? Les richesses, la pauvreté, l'importance, l'annihilation, la mort, les honneurs? l'absorption! vive Dieu, nous sommes des gens d'esprit. Oui, l'absorption, ce grand mot plaira au *géant des héros*. Le drôle de mari a l'imagination active, s'il avait des moyens pécuniaires, il nous culbuterait. — Absorbons-le donc! il faut le nourrir, et comment? — Comme un prisonnier, à vingt sols par jour. — Est-ce assez?—Mettons trente six fr.

par mois. — Mais qu'il consente au divorce pour cause déterminée? — Le voudra-t-il? — Peut-il avoir des volontés? n'a-t-il pas faim? Au surplus, soyons généreux avec lui, donnons-lui.... un louis en gratification, il se trouvera bien heureux, avec cette somme, dans le gouffre où nous le tenons.

Ainsi stipulèrent entre eux les deux personnages devenus arbitres de mon existence.

## §. XII.

### *Le bout d'oreille de M. Le Bon.*

J'ÉTAIS en prison à Versailles, délaissé de tout le monde, lorsque M. Le Bon m'apparut. Ses paroles étaient emmiellées. *Il avait parlé à M. Masson, devenu l'époux de sa fille. Celui-ci avait cherché à savoir si on pouvait espérer de moi une séparation avec ma femme, séparation indispensable, ajoutait l'orateur, car j'ai vu madame Revel, c'est une ame de boue; il m'a été impossible de l'émouvoir, malgré la chaleur de mon discours. M. Le Bon aurait répondu à son gendre qu'il avait trop d'esprit pour croire qu'un avocat de sa trempe fût capable de donner un semblable renseignement avant de savoir si on était chargé de nous faire des propositions. Frappé de la justesse du raisonnement, M. Masson avait promis de se faire autoriser, et l'on avait remis à traiter de cet objet.*

M. Le Bon aura beau nier, j'ai des preuves écrites de ce que j'avance. Si la tyrannie a pu me ravir les lettres mêmes de M. Le Bon, où cette circonstance était rappelée, il existe encore des témoignages irrécusables qui le confondront.

Comment penser que cette ouverture de M. Le Bon ait pu m'être faite sans une convention préalable entre ma femme et ses ravisseurs ou ayants cause? Quelle est la conscience qui ne sera pénétrée de la collusion qui se montre d'elle-même? Madame

Campan, cet apôtre zélé de la population, avait uni mademoiselle Le Bon avec M. Masson, son tout. Cet arrangement produisit une ligue entre eux. L'influence de mon avocat sur mes déterminations était un grand point d'espérance pour arriver au grand œuvre d'un divorce sans motif. L'adroit jurisconsulte ne manqua pas de se faire valoir! on le crut, on l'employa ; vraisemblablement on le paya!.... J'imagine que ce fut à cette dernière condition remplie, que je dus vingt-quatre fr. lors de la visite dont j'ai rendu compte, et un cautionnement de quinze fr., quelque temps après, pour la conservation d'un lit, dont sans ce secours j'allais être impitoyablement privé.

Malgré sa *munificence*, M. Le Bon trouva son client rebelle. Je croyais n'avoir plus à redouter de mes persécuteurs : maître de mes volontés, dégagé de cette crainte, je demeurais libre des destinées de ma femme. Je répondis à M. Le Bon que je ne voyais pas de nécessité à un divorce; que d'ailleurs le code prescrivait des formes impossibles à remplir tant que je serais en prison. Il se retira mécontent; et, sur son rapport, on arrêta chez Murat un nouveau plan d'attaque.

On a dit qu'une saison à Bombay était la vie d'un homme. Je puis dire que six mois d'emprisonnement à Versailles, sous le régime de la femme Mariotte, sont au-dessus des supplices de la question. M. Le Bon, qui aurait pu adoucir mon sort, s'en garda bien. Je vis, au contraire, augmenter mes tourments; et si ce ne fut par son ordre, je suis fondé à croire que l'influence de ses discours chez le concierge, dont il était le commensal et le protégé, contribua au doublement de mes peines.

Pour me soustraire à ce nouveau genre de persécution, j'adressai au fameux Giraudet, procureur général impérial, une demande de translation à Dourdan, ma prison de droit. j'en obtins l'effet. Les mauvais traitements que je reçus avant mon départ et en route trouveraient ici leur place; mais j'en supprime le rapport pour me hâter de me rendre à Dourdan.

## §. XIII.

*Messieurs Masson et Le Bon sans masques. — Juges iniques. — Juges intègres. — Nouvelles violences. — Jugement qui admet le divorce et ses motifs.*

En quittant la figure rebutante de la Mariotte, celle de M. Aufroy, concierge du château de Dourdan, paraît être celle d'un dieu. L'abord de cet homme plaît, il rassure. J'en tirai un heureux augure pour mon séjour, et j'avais pensé juste. Quoique sans argent, il me fut accordé un lit sur le simple cautionnement de ma parole. Je fus par ce service exempt d'habiter l'horrible tour où les prisonniers doivent passer la nuit. Cependant, il fallait pourvoir au paiement mensuel de ce lit ! je le fis la première fois au moyen de 12 francs que me remit une personne dont je reçus la visite, et qui abusant de ses rapports avec moi, n'avait pas rougi de s'ériger en émissaire de ma femme.

Cette personne n'est pas M. Le Bon qui, loin de m'être utile, me laissait en proie à tous les besoins. Il poussa même la désobligeance jusqu'à se refuser à tenter quelques démarches pour me faire rentrer un traitement militaire. *Je l'accablais de lettres*, me répondait-il avec humeur; *il était étranger à tout ce qui regardait liquidations ! il viendrait néanmoins me voir avec son gendre pour me communiquer une proposition de mon épouse, si je lui promettais d'avance de mieux rece-*

*voir les ouvertures qu'il m'avait faites à Versailles.*

Le besoin et l'espoir de mettre M. Le Bon dans mes intérêts me firent lui adresser une réponse à peu près analogue à ses desirs. Il vint avec M. Masson, et après m'avoir détaillé les motifs qui s'opposaient au divorce par consentement mutuel, ce qui n'était pas neuf pour moi, il me conseilla de donner les mains à un divorce pour cause déterminée.

Ce n'était point assez, suivant lui, que ma femme m'eût aussi cruellement outragé qu'elle l'avait fait, je devais encore, avec résignation, me laisser convaincre devant les tribunaux et le public, de l'avoir maltraitée. Je m'élevai contre l'indécence de cette proposition; une discussion vive s'ensuivit. M. Le Bon m'accusait d'ingratitude envers lui, parce qu'il prétendait m'avoir sauvé l'honneur. Son gendre me menaçait d'une déportation à la Guyanne. *Ce point est décidé*, ajouta-t-il, *dans le cas où vous résisteriez à l'ordre suprême qui vous impose le devoir de renoncer à votre épouse*. M. Le Bon tour-à-tour caressant et irrité, la promesse ou la menace à la bouche, me peignit avec éloquence les dangers de ma position. Il appuya sur la sécheresse du cœur de ma femme, les troubles dont mon ménage serait le théâtre si je me réunissais avec Eléonore. Cette partie de son discours était vraie au fond. Eléonore déshonorée n'était plus digne de moi. La menace d'une déportation pouvait se réaliser. De quoi n'étaient pas capables Buonaparte et Murat? Après avoir mûrement réfléchi, déterminé surtout par la considération puissante du sort de mes enfants dont la perte était infaillible après la mienne, je me rendis. Mais je demandai comme condition de mes sacrifices, ma liberté et le remboursement de mon avoir dont j'avais été dépouillé.

Les promesses ne coûtaient rien aux deux négociateurs ; ils me firent toutes celles que je desirai, et se rendirent garants de leur exécution. On me fit signer une élection de domicile chez M. Le Bon, pour y recevoir tous les actes de la procédure en divorce qui allait voir le jour. Ensuite, au nom de madame Murat, et en me vantant sa générosité, on paya quarante huit francs de dettes que j'avais contractées pour me procurer quelques mets grossiers ; une pension de vingt-quatre fr. par mois, stipulée dans une lettre de l'intendant Aymé, dont Masson était porteur, me fut promise. Deux louis comptant me furent remis; trois autres louis, déposés au concierge, pour m'en être délivré un par mois. Satisfaits de leur réussite, les émissaires reprirent la route de Paris (1).

La procédure en divorce marchait rapidement. M. Le Bon était chargé pour moi, et on peut juger quels talents il eut besoin de déployer dans la défense d'une cause déjà jugée entre les parties! Mais ma liberté, que j'attendais tous les jours, n'arrivait pas. J'écrivis pour réclamer l'effet des promesses que j'avais reçues. Je donnai l'ordre de ne prononcer aucune défense contradictoire, et de me laisser condamner

(1) Tels sont les à-comptes que l'on jugea à propos de me donner sur ce que j'avais laissé à la disposition de ma femme, lors de mon arrestation.

par défaut. M. Le Bon ne répondit rien ; il ne rompit le silence que pour me donner la nouvelle du jugement qui admettait le divorce, en m'avertissant que j'avais trois mois pour en appeler, faculté à laquelle il m'engageait à renoncer, comme périlleuse pour moi.

Il vint le dimanche suivant, avec son gendre, appuyer en personne ce conseil judicieux, auquel *il était imminent que je me rendisse*, pour légitimer la honte d'Éléonore.

## §. XIV.

### *Le boudoir d'Éléonore.*

Qui aurait deviné que la modeste Éléonore, ce modèle de candeur, d'application à ses devoirs, cette vierge intéressante dont le front se couvrit de la rougeur de l'innocence quand elle m'entendit prononcer le premier mot d'amour; qui aurait deviné, dis-je, qu'elle eût, deux mois après son hymen, en courtisane perverse, sacrifié son mari, plus tard ses parents, pour se jeter à corps perdu dans la débauche? Qui aurait cru que la fille d'un La-Plaigne eût vu à ses pieds des têtes couronnées, et enchaîné l'ogre qui a dévoré tant d'êtres vivants et couvert l'Europe de crêpes de deuil et d'urnes funéraires? Tel a été cependant le rôle qu'a joué Éléonore La-Plaigne, trois fois épouse malgré le scandale de ses mœurs, et qui pousse l'audace jusqu'à vouloir montrer aujourd'hui la difformité de son ame devant le même tribunal où elle osa paraître sous les dehors d'une femme outragée, pour faire prononcer la dissolution de son premier hymen par un jugement aussi condamnable que sa vie?

L'histoire de son boudoir remplirait des volumes; mais, pour la rédiger, il faudrait avoir suivi les pas de la courtisane, et passé, avec elle, des palais des rois aux lieux de prostitution, témoins de ses débordements. J'abandonne cette gloire aux matrones qui l'ont dirigée, aux complaisants qui l'ont servie, aux libertins dont elle fut l'idole. Il ne m'appartient, en plaidant contre elle pour recouvrer mon avoir, que de publier les faits qui se rattachent à ma cause, ou par les dates ou par l'influence qu'ils ont eue sur ma destinée; je ne me flatte même pas de les savoir tous. J'ai recueilli çà et là ce que je rougis d'être obligé d'écrire.

Après mon arrestation, Éléonore se présenta à madame Murat, comme victime d'un mari criminel et déshonoré. Madame Campan recommanda cette intéressante affligée, cette enfant chérie, cet ange de sagesse, élevé par ses mains.

L'*auguste* ne put voir sans attendrissement, à ses pieds, une compagne d'éducation malheureuse. Elle serra Éléonore dans ses bras, et lui accorda, avec sa toute puissante protection, un asile dans son palais.

Madame Murat, aussi avare que jalouse, eût refusé, sans l'emploi du stratagême, le moindre secours à Éléonore, et cherché plutôt à éloigner qu'à rapprocher d'elle une jeune femme, brillante d'attraits alarmants pour sa coquetterie. Mais madame Campan avait *non seulement tout crédit, mais tout pouvoir sur les princesses de la dynastie impériale*, ainsi qu'elle me le disait à Saint-Germain. Son ancienne élève, madame Murat, qui lui devait l'éducation des formes, l'élégance des toilettes, et surtout la perfection des révérences, ne pouvait rien refuser à l'institutrice qui l'avait mise en état de jouer ostensiblement le rôle d'une princesse de comédie sur le théâtre du monde. Quand le premier côté d'une affaire plaît, les autres séduisent. Madame Murat se vit dans le public une grande réputation de sensibilité d'ame, de générosité, de vertu, en protégeant Éléonore. Cette action louable lui rachetait les reproches d'avarice, de jalousie, de dureté de caractère! Que d'avantages ne retirait-elle pas d'un médiocre service que grossirait, par adulation, le clabaudage des coteries et le caquet des salons! Elle n'hésita point; Éléonore devint sa camariste, sa confidente, et reçut le titre de lectrice, dame d'annonce.

L'introduction d'Eléonore dans le palais de Murat, avec l'aveu de sa femme, était le fin du calcul, le nœud de l'intrigue. Une fois là, on prit des précautions pour ne pas blesser le chatouilleux amour-propre de la *grande Caroline*; et la belle *victime*, dans l'ombre du mystère, se consolait de ses infortunes supposées, et payait de son déshonneur, au *prince héros*, l'hospitalité que lui avait accordée son ineffable moitié.

Ce commerce dura quelque temps. Je n'ai jamais trop su pourquoi Eléonore fut envoyée à une pension de Chantilly. C'était sans doute pour l'édification des mœurs de la maison qu'on y avait introduit cette vestale! Dans les processions elle portait la bannière. Le colonel Fiteau, en garnison à Chantilly avec son régiment, la reconnut dans une cérémonie, armée de l'étendard de salut que ses mains profanaient. Il ne put s'empêcher de rire du choix de l'innocente. Ce colonel me connaissait, il savait mon histoire et celle de ma femme; mais, en homme prudent, il ne divulgua rien, et la lectrice, dame d'annonce, redevenue pensionnaire, ne fut pas découverte dans l'intérieur de l'établissement.

La chronique rapporte qu'Eléonore se trahit elle-même : voici comment on raconte ce fait.

La maison d'éducation de Chantilly, tenue par madame Pigré, était en face de la pelouse. Les pensionnaires, pendant les récréations, avaient la faculté de monter sur un parapet qui dominait cette promenade. Eléonore y était un jour. Un officier de dragons attache de loin ses regards sur elle, et ne cesse de la fixer en marchant. Il n'était plus qu'à une petite distance quand Eléonore croit me reconnaître ; sa tête se trouble, ses sens se bouleversent, et le remords, toujours indépendant de la volonté, lui arrache un cri et mon nom. Madame Pigré, qui tenait à l'honneur de sa maison, renvoya la trop grande élève démasquée à ceux qui lui en avaient confié la garde inutile.

La rentrée d'Eléonore chez madame Murat, prouverait que son commerce avec le mari n'était pas connu de la femme. Madame Campan seule pourrait nous expliquer le mystère de ce séminaire d'Eléonore à Chantilly. Elle pourrait nous dire aussi si c'est avant le départ pour le pensionnat, ou au retour, qu'elle acquit un titre ostensible dans le palais Murat. Je ne puis donner au lecteur que ce que je sais de l'aventure.

Toutefois voilà Eléonore rétablie chez Murat, créée ou remise en possession d'un rôle quelconque. Son commerce avec le prince reprit son cours; mais madame Murat s'aperçut du préjudice que lui portait sa belle compagne, et furieuse de s'être donné une rivale, elle courut chez Buonaparte, dénonça le couple criminel, et demanda vengeance.

*Le grand homme* promit à sa sœur de se rendre à Neuilly pour sévir. Il se fit annoncer peu de temps après, et une fête fut préparée pour le recevoir. C'était à table que devait se prononcer l'arrêt. La coupable, interdite et les yeux baissés, attendait sa condamnation. Le juge l'avait long-temps examinée en silence. Il s'approcha d'elle, et par maladresse, distraction ou malice, il répandit sur sa robe une tasse de café qu'il tenait à la main.

Eléonore, instruite par madame Campan dans l'art d'émouvoir, possédait à un haut degré le talent des larmes. Dans la circonstance, agitée par des craintes sur son avenir, et piquée de l'accident qui la ridiculisait, elle pleura au milieu des ris et des sarcasmes, avec une grâce et une modestie enchanteresses. Buonaparte sentit, pour la première fois, qu'il avait un cœur; il déclara sa flamme en amant, à l'oreille d'Eléonore, et fit connaître son choix en souverain par un regard à ses favoris.

Les courtisans qui s'étaient amusés de la position critique d'Eléonore, dans une fête où elle figurait en accusée, tremblèrent au moment de son élévation. C'était à qui lui rendrait des hommages. Il était sans exemple jusqu'alors, parmi eux, que Buonaparte eût avoué une maîtresse. Cet événement les étonna, les opinions se divisèrent. Chacun forma ses projets pour plaire à la sultane proclamée. Madame Murat elle-même dissimula ses ressentiments. Si Eléonore avait eu l'esprit d'une

Dubarri, elle eût dispensé comme elle les faveurs souveraines ; mais, statue sans ame, elle borna son ambition aux voitures, aux robes, à un peu d'or, à quelques diamants. Transportée au-delà de sa sphère, elle ne sut point profiter de sa fortune. Mad. Campan en tira un meilleur parti.

Après la fête de Neuilly, Éléonore fut inaugurée dans le temple des plaisirs de Buonaparte, rue des Victoires, sous la garde de Regnault de St.-Jean d'Angely, eunuque d'un nouveau genre, qui, plus que le sultan, jouissait des faveurs de l'odalisque.

Madame La-Plaigne, en voyant sa fille dans le haut degré d'élévation où elle était montée, se repentit de la scène de St.-Germain, qu'Éléonore n'oubliait pas, et demanda pardon : le besoin le lui fit accorder.

Buonaparte se délassait des soins

du gouvernement par les visites de sa maîtresse ; mais comme il l'aimait réellement, il exigea d'elle une lettre tous les jours. Éléonore, qui manquait d'esprit naturel, avait encore moins l'esprit d'intrigue et de légèreté qui convenait dans une telle correspondance : Madame Campan pouvait être son secrétaire ; mais la fortune rend paresseux, et madame *Campan n'était pas femme à glaner après moisson faite.* Madame La-Plaigne, avec moins d'érudition et de rectitude, possédait autant de finesse d'esprit et plus d'activité ; Éléonore la nomma son rédacteur, et se constitua copiste.

Ce commerce épistolaire avait des charmes pour Buonaparte. Les lettres d'Éléonore le dédommageaient des peines que lui donnait l'Europe. Mais ces lettres, pleines d'enjouement, devinrent tout-à-coup froides et languissantes. *Le héros* s'en étonna, et voulut savoir la raison d'un tel changement. Une querelle entre Éléonore et sa mère en était la cause.

J'ai dit plus loin qu'Éléonore avait une petite sœur; elle s'était chargée de son éducation et de sa fortune. Les moyens ne manquaient pas à Éléonore pour remplir ses promesses envers sa mère en faveur de la petite Zulma; mais, dévorée d'une avarice sordide, elle lui refusait les choses les plus essentielles et les plus médiocres. Madame La-Plaigne reprocha plusieurs fois de ces négligences, et l'indolente et intéressée Éléonore ne les réparait pas. La pétulance de madame La-Plaigne ne put tenir contre des mots équivoques; elle parla en mère, Éléonore en princesse courroucée, et mit à la porte sa mère et sa soeur, et se priva ainsi maladroitement de la plume qui avait, jusques-là, prolongé l'enchantement.

Buonaparte manda sa maîtresse à Saint-Cloud, et voulut avoir l'explication de l'énigme de son style. Elle eut recours aux larmes, mais ces larmes ne ressemblaient plus à celles de Neuilly; la satiété avait détruit l'illusion, et peu s'en fallut qu'Éléonore ne sortît disgraciée.

Elle descendit à Paris, chez madame Campan, qui y était alors, et lui conta sa mésaventure. La célèbre institutrice mesura la profondeur de l'abîme au bord duquel Éléonore était placée, mais ce n'est pas une Campan qui peut être prise au dépourvu. — Mon enfant, tu es enceinte. — Madame.... je ne sais.... — Tu l'es, te dis-je. — Dame, je l'ignore!

— Ne le fusses-tu point, il faut l'être. Vite au secrétaire.

Éléonore écrit, sous la dictée de la *célèbre*, une lettre où, après avoir déploré le malheur qui l'avait privée du coeur de son amant, elle annonce qu'elle est mère.

Buonaparte, à cette nouvelle, oublia ses mécontentements; il se vit père, et père d'un enfant *dont les mœurs en quelque sorte ne lui faisaient pas un devoir de dissimuler l'origine.* Il est facile de concevoir jusqu'à quel degré de crédit monta la mère du rejeton *impérial!* L'or fut prodigué pour conduire à bien les couches. Regnault d'Angely donnait des rouleaux, et Regnault n'a jamais oublié l'axiome que la *première aumône commence par soi.* Il se dédommageait amplement de son entremise, et la plus forte part des fonds n'était pas celle d'Éléonore.

Jusques-là cette grossesse n'était qu'une supercherie enfantée par l'esprit de Madame Campan. Le hasard voulut qu'elle fut vraie. Éléonore était mère réellement. Elle mit au monde le 13 décembre 1806 un enfant du sexe masculin que l'on nomma Léon, diminutif de Napoléon (1).

---

(1) *Ville de Paris.* — 2e. *mairie.* — *État civil.* — DENUEL. — *reg.* 28, no. 216. — *Extrait du registre des actes de naissance de l'an* 1806.

Du lundi quinze décembre mil huit cent six, acte de naissance de Léon, du sexe masculin, né le treize de ce mois, à deux heures du matin, rue de la Victoire, no. 29, fils de demoiselle *Éléonore Denuel*, rentière, âgée de vingt ans, née à Paris, et de père absent ; les témoins ont été MM. Jacques-René-Marie-Aymé, officier, trésorier de la Légion-

Depuis ce moment, le crédit d'Éléonore n'eut plus de bornes. Buonaparte accordait à sa maîtresse tout ce qu'elle demandait. La *bonne élève de madame Campan* exigea l'arrestation de sa mère : elle l'obtint sans coup férir. Madame Laplaigne fut conduite aux Magdelonettes. Elle voulut ensuite sa déportation : le mi-

---

d'honneur, demeurant rue St.-George, n°. 24, et Guillaume Andral, docteur en médecine et médecin de l'hôtel des Invalides, y demeurant; sur la réquisition de M. Pierre Marchais, accoucheur, demeurant rue des Fossés-St.-Germain-l'Auxerrois, n°. 29, lequel a signé avec les témoins susnommés et avec nous, Louis Picard, adjoint au maire, qui avons dressé le présent acte de naissance, après lecture faite, *signé* Marchais, Aymé, Andral et Picard.

Délivré par nous, maire, conforme à l'original, le 16 novembre 1815, *signé* Boilleau. — Vu au secrétariat, *signé* Mauriceau.

nistre de la police l'ordonna. Éléonore régnait enfin, et peu s'en fallut que Buonaparte ne partageât sa couronne avec elle. Ce que j'avance n'est point une fiction : si Buonaparte n'eût trouvé une grande résistance parmi les siens, Éléonore fût devenue impératrice. C'est à cette époque que l'on conçut le projet d'alliance avec la maison d'Autriche qui s'est réalisé depuis. L'inconvenance était marquée. La fille de Laplaigne porter un diadême impérial !... Quelle folie !

La mère de *Léon* devait cependant avoir un sort. Les intimes du *grand homme* lui conseillèrent de la marier. Elle le fut par l'intermédiaire du ministre de la police avec M. Augier de la Sausaye, fils, officier.

Je m'abstiens de parler des désordres d'Éléonore commis avant et depuis son second mariage. Je ne m'attache qu'à la preuve de son adultère; le crime est évident par la naissance de Léon (1), et ce crime explique les persécutions que j'ai éprouvées.

---

(1) L'enfant, que l'on m'a dit avoir reçu le titre de comte, est venu au monde, ainsi qu'il résulte de l'acte de naissance, le 13 décembre 1806. Le divorce avait été prononcé par l'officier des actes civils du premier arrondissement de Paris, le 29 avril de la même année. La conception s'est donc opérée le 13 mars, quarante-huit jours avant l'acte de divorce.

## §. XV.

*Suite de l'ambassade de MM. Masson et Le Bon.*

Le lecteur, d'après ce qu'il vient de lire, ne trouvera plus de petits hommes dans MM. Masson et Le Bon; il respectera en eux les ambassadeurs de la future impératrice des Français, de la mère du prince impérial, sur qui désormais seront fixés les yeux de l'Univers. Ils se présentèrent à moi, dans la prison de Dourdan, pénétrés de toute la dignité de leur caractère.

J'avais apparemment la vue troublée, car je ne leur trouvai pas cet air de grandeur qu'ils affectèrent à mon approche, et que je me plais à leur reconnaître à présent, que je suis instruit de la faveur dont ils jouissaient alors.

Le but de leur visite était de m'arracher, ou de gré ou de force, mon acquiescement au jugement en divorce, et ma renonciation à la faculté que me donnait la loi de l'appel et du pourvoi en cassation. On comprendrait difficilement qu'il soit venu dans la tête de deux soi-disant forts du barreau, de faire contracter un acte nul par sa nature, si on ne connaissait l'arc-boutant dont ils appuyaient leur sottise. Qui eût jamais pensé que cet acte eût pu être attaqué? Mais tel est le sort du crime et de l'injustice : le temps les découvre et le destin les punit.

Le temps et le destin ont permis que je vengeasse un jour les lois et l'honneur. Je l'ai fait ; mais je laisse trop couler ma plume ; le lecteur doit suivre le fil de l'intrigue, et connaître tout ce qui se passa à la prison de Dourdan, lors de la descente des ambassadeurs de *madame Saint-Laurent*, ou si l'on veut, de la future impératrice.

M. Le Bon me présenta la grosse du jugement. Il me fit remarquer que le motif qui l'avait dicté était inattaquable, et s'excusa de ce que son talent n'avait pu le détruire.

Je discuterai plus bas ce motif si robuste ; jusques-là ne perdons pas de vue la scène : les acteurs sont M. Le Bon, M. Masson, M. Aufroy, concierge, et moi le prisonnier.

Je répondis à M. Le Bon que tout m'étonnait, jusqu'à sa défense que je lui avais interdite, en lui déclarant que n'ayant pas tenu ses promesses, j'étais quitte des miennes.

Il se lève alors, en faisant mouvoir son corps de gauche à droite, et en me reprochant dédaigneusement mon ingratitude (son cheval de bataille), ma mauvaise tête... « Si vous » aviez du bon sens, ajouta-t-il, vous » verriez votre position, et vous vous » y conformeriez. »

Le lecteur voit que M. Le Bon me fait même le reproche de ne pas être sorcier. Je savais bien, par des rapports d'amis, que ma femme était perdue d'honneur, mais personne ne m'avait encore dit qu'elle fût destinée à porter la couronne, ni qu'elle fût mère d'un impérial enfant! J'apercevais cependant quelque chose de sinistre dans la figure des ambassadeurs, et j'eus besoin d'une sortie de l'impatient Masson pour connaître cette position, que son beau-père et collègue me faisait le reproche de ne pas deviner. « Si vous ne » signez, me dit-il, l'acte que nous » venons vous demander, la dépor- » tation à Cayenne! »

Le trait méritait réflexion. Je me recueillis, et ma mauvaise tête se courba devant les émissaires des bourreaux dont elle avait à redouter le glaive; mais je ne cédai cependant pas sans faire preuve de caractère, sans renouveler la condition de ma liberté et le remboursement de mon avoir, usurpé. De nouvelles promesses n'étaient ni moins faciles à consentir, ni moins difficiles à enfreindre, mais je me donnais la satisfaction de les recevoir de la bouche des ambassadeurs, devant le concierge, et, un jour à venir, je pourrais peut-être en demander compte (1).

(1) Pour éviter la monotonie des narrations, je

Ce jour est arrivé avec la chute de ces êtres sans nom, soi-disant potentats, qui viennent de donner au monde l'exemple de toutes les bassesses. Que répondront leurs complices Masson et Lebon, quand le public leur demandera s'ils étaient autorisés à me faire des promesses solennelles, en échange des sacrifices forcés qu'ils exigeaient de ma cruelle situation, et pourquoi ils ont violé ces mêmes promesses? N'aperçoivent-ils pas la probité de M. Aufroy, dont, à cause de ses fonctions,

---

donnerai brièvement les détails du reste de l'entrevue. Je signai l'acte d'acquiescement, et, faisant valoir la générosité de la princesse Caroline, les ambassadeurs portèrent ma pension alimentaire (qu'on se rappelle toujours extraite de mon avoir) jusqu'à 50 fr. par mois pendant mon emprisonnement. On verra par la suite quelle exactitude on a mis à me faire jouir de *ce bienfait*.

le témoignage équivaut aux contrats les plus authentiques? Pensent-ils que le rôle qu'ils ont joué ne révoltera pas à la fois le barreau et la société? cette cause en divorce, dans laquelle M. Le Bon prononce un simulacre de défense contre le gré de son client, qui voulait se laisser condamner par défaut ; où l'énergumène Masson prône la vertu d'une prostituée devant les dépositaires des lois et de la morale publique? Espèrent-ils que cette cause les rende bien recommandables? Et les juges eux-mêmes, qui ont eu l'impudeur de violer le le Code français pour satisfaire les brutales passions de Buonaparte et de Murat, en admettant un principe réprouvé par le droit public, espèrent-ils, à leur tour, ne pas encourir le blâme universel?

Mais, si l'opprobre atteint ce

fonctionnaires valets que je signale, que de gloire et d'honneur ne vont pas recueillir les trois juges intègres et courageux qui ont su résister à la volonté despotique, quoique par l'astuce de MM. Masson et Le Bon elle eût été enveloppée des formes judiciaires. Je ne fais que les indiquer ici : je les nommerai à l'audience devant les magistrats chargés de prononcer sur mes droits. Leur opinion déjà émise dans le jugement de partages du 28 mars 1806 sera ma meilleure défense.

En effet, il s'agissait de prononcer dans une demande en divorce pour cause d'excès, sévices et injures graves. L'enquête n'offre la preuve ni d'excès, ni de sévices, elle ne prouve pas mieux des injures proférées. Mais le despote voulait le divorce exigé par sa Messaline..... On s'avisa de trouver l'existence d'une injure grave faite par moi à mon épouse dans la peine correctionnelle prononcée par la cour criminelle de Versailles!

S'il fallait raisonner en droit, on demanderait aux juges complaisans, dans quelle loi ils ont trouvé qu'une peine correctionnelle a le même effet en justice que la condamnation infamante; qu'elle devient par le seul fait de sa prononciation une cause radicale de divorce?

C'est cependant l'affirmative qu'a prononcée le tribunal de première instance de Paris, présidé par M. Bexon, le 11 avril 1806.

C'est à cet acte inique, que les juges dont j'ai parlé refusèrent de participer. C'est ce même jugement que j'ai attaqué quand il m'a été possible, et dont je poussais la réformation.

## §. XVI.

### *Points de droit.*

Il va résulter un contraste entre l'action intentée, et l'opinion qu'on doit se former de la situation de mon cœur envers ma femme.

Je l'assigne devant les tribunaux pour voir casser le divorce prononcé entre nous, pour venir reprendre au domicile conjugal le rôle de mon épouse. Et, cependant, je montre cette femme coupable du crime d'adultère! Mon esprit est aliéné, ou je suis sans délicatesse... Vouloir redonner son nom à une misérable qui a souillé sa première couche nuptiale, est une action qui révolte les mœurs. Voilà ce que l'on m'objectera sans doute!

Mais, si les formes que j'ai été obligé de suivre; si mon intérêt, et l'intérêt de mes enfants, plus sacré encore pour moi que le mien propre, m'ont forcé à prendre cette tournure; si cette marche était la seule possible à suivre au barreau: on ne peut me faire un crime de l'avoir adoptée.

Que l'on ne croye pas que je poursuive même par systême la restitution des droits d'époux! Cette action n'est visible qu'un moment, comme ces météores que l'œil n'apperçoit que pour les voir perdre dans l'espace. A l'instant même où je réclame la nullité du divorce prononcé par le jugement du 11 avril 1806, je demande à mon tour le divorce.

Je dis franchement à la justice: « il y a nullité dans le divorce déjà » prononcé. Vous devez casser le ju» ment qui l'autorise.

» Mais il y a réellement motif à » divorce et vous devez l'ordonner. » La différence consiste seulement » dans la question de savoir quel est » l'époux en faveur de qui ou contre » qui vous jugerez. »

C'est, à ne pas en douter, contre l'époux coupable.

Quel est l'époux coupable? Ce n'est pas moi, qui, victime d'une conjuration absurde autant qu'atroce et perfide, violenté par l'abus du pouvoir, me suis vu exposé au danger de perdre l'honneur et la vie, si je ne cédais pas aux impudiques volontés de Buonaparte et de Murat! Personne ne se trompera sur cette procédure ridicule que ma prudence a neutralisée. Toute ame honnête conviendra, que puisque j'étais en butte aux êtres les plus immoraux de la terre, il ne faut s'étonner d'aucun des traitements qu'ils m'ont fait subir. Sur la sellette à Versailles, ou sous le dais à St.-Germain, je suis toujours le même. Je n'ai trompé personne, au contraire on m'a trompé. Je n'ai point fait injure à ma femme, c'est elle qui m'a fait l'injure la plus grave dont une épouse puisse se rendre coupable envers son mari. La vie publique et scandaleuse d'Éléonore La-Plaigne n'a pas besoin d'enquête; il suffit de prononcer un tel nom pour faire rougir!

Si un époux a déshonoré l'autre, c'est donc elle; et telle est la vierge intéressante, le modèle de candeur, que le tranchant Masson a présenté aux tribunaux comme victime, alors qu'elle portait dans son sein le fruit de son impudicité.

Il pouvait le faire dans les temps de dépravation où, sous l'égide de sa

Campan, il n'avait à redouter que le blâme des gens de bien, indifférent pour lui ; mais qu'il vienne à présent montrer la même cause et le même personnage, se montrer lui-même devant des juges et un public qui ne sont ni les juges ni le public de l'époque où il pouvait impunément oser !

## §. XVII.

### *Questions à l'avoué Masson.*

Je suppose M. Masson mon conseil, et je lui demande si en faisant prononcer le divorce, il ne devait pas rétablir mes intérêts tels qu'ils étaient avant le mariage.

J'ai reconnu au contrat 50,000 fr. de dot à ma femme. Elle ne m'a pas apporté une obole. A-t-il voulu m'obliger à restituer cette dot que je n'ai pas reçue ?

Il a fait déclarer à ma femme (et le jugement du 11 avril 1806 le mentionne), que *la dot n'avait pas été aussi considérable.* Il fallait dire : *La dot n'est pas vraie, c'est un simple avantage consenti par le mari généreux.*

La demi-confidence de Masson aux juges de première instance, détruit et conserve à la fois, en partie, la dot d'Eléonore. Si cette dot n'a pas été aussi *considérable* qu'elle est stipulée, la stipulation est nulle, et il faut rectifier la somme.

Quelle est la somme?

Que pouvait se constituer *personnellement* une jeune fille, à la vertu de laquelle j'ai rendu justice dans ce mémoire, au moment de notre mariage ? Madame La-Plaigne et ses pointus conseils, la prévoyante madame Campan, avaient voulu une reconnaissance de dot; mais pour l'intérêt d'Eléonore, on poussa très loin les conjectures : elle avait un frère et une soeur. Si le père et la mère constituaient la dot, cette soeur et ce frère viendraient à reprises, lors de la mort de leurs auteurs sans fortune, pour obtenir leurs portions d'avantages. On me cassa la tête de tous ces calculs avant de dresser le contrat. La forme m'importait peu, et je ne fis aucune difficulté de signer le grimoire.

Je demande à Masson aujourd'hui quelle est la somme dotale?

Pendant que ma femme était à Paris, avant sa fuite en Allemagne, je voulais la faire interroger sur faits et articles. On la fit sauver. Mais comme il n'y a de sécurité que celle de la conscience, Masson, qui a *tripoté cette égire*, n'avait pas calculé qu'il est des juges intègres en Allemagne comme en France, et qu'à Manheim comme à Paris je pourrai faire répondre ma femme sur ce point:

Quelle dot m'avez-vous apportée?

Je pousserai encore plus loin mes questions (j'en demande bien pardon à l'ardent avoué de ma femme) : Avez-vous eu un enfant de votre commerce avec Napoléon, dirai-je à celle ci? Le fait n'est pas douteux.... et madame Revel sera passible des poursuites du crime d'infanticide, ou elle montrera l'enfant (1).

---

(1) Le soupçon seul de la grossesse d'une fille éveille l'attention des magistrats. Un enfant doit venir au monde : une fois conçu, un être créé appartient à Dieu et à la société; on ne peut le faire disparaître sans crime. L'enfant est venu mort-né, ou vivant : s'il est vivant, il faut le montrer, lui donner un nom, l'inscrire sur la liste humaine ; s'il meurt après, les actes de l'état civil le constatent.

Éléonore a été enceinte des œuvres de Buonaparte.

Où est l'enfant?

Si elle ne le montre pas, ou si elle ne prouve

Ce singulier enfant est censé mon fils : je ne le dissimule pas, car il est né pendant la période de temps qui sépare la date de mon mariage de celle du divorce.

Le célèbre Masson a-t-il entendu me constituer débiteur d'une fausse dot et père putatif d'un bâtard impérial en ma qualité de mari d'une femme dépravée ? La combinaison serait de lui !

---

pas sa mort, elle est prévenue du crime d'infanticide.

La naissance de l'enfant est prouvée; son existence ou sa mort doivent l'être aussi.

L'enfant Léon est né de père absent, suivant la déclaration de l'acte civil; mais qui est ce père?

Je m'abstiens de toute autre réflexion. C'est à Messieurs les gens du Roi qu'il appartient d'approfondir et développer les questions de droit auxquelles la naissance de Léon donne lieu.

## §. XVIII.

*Amalgame de faits. — Je sors de prison. — On m'arrête de nouveau. — On me relâche. — On m'exile.*

Il faut prévoir une fin à ce Mémoire. Si je voulais tout dire, quatre volumes *in-folio* ne suffiraient pas. Je reporte le lecteur à ma prison.

Je vivais là en homme accoutumé, en philosophe qui brave les pervers. J'étais plaint, fréquenté, consulté, par des habitants qui m'accordaient confiance. Le terme de ma liberté approchait, je l'attendais, on le desirait pour moi impatiemment. Depuis six mois, mon asyle était restauré; j'habitais deux jolies chambres que j'avais fait décorer moi-même, aux dépens de ma nourriture ; je rêvais à la fin de mes misères..... quand je vis entrer chez moi le concierge, précédant le maréchal des logis de gendarmerie Guenin.

La mission de ce sous-officier, qu'il tenait de son lieutenant, et le lieutenant du sous-préfet, était de saisir et enlever tous mes papiers. Il s'empara de 19 dossiers volumineux. Une opération de cette nature ne pouvant avoir lieu à la muette, Guenin parla : je parlai aussi, et j'obtins de l'intérêt que je lui inspirai le *non enlèvement* de la lettre de ma femme, du 17 floréal an 13 (1). Il ne vit pas un brouillon chiffonné d'une lettre

---

(1) C'est dans cette lettre que ma femme avouait ne m'avoir apporté qu'une ame honnête et pure.

que j'écrivais à M. Le Bon, le 10 juillet 1806, et qui était resté dans un coin.

Ce brouillon n'est pas une chose indifférente ; il rappelle des dates et des faits dont, sans lui, la trace serait perdue.

Gare à M. Le Bon ! ma lettre du 16 juillet le confondra partout. J'en fis une copie, et je dis à M. Aufroy : « Conservez-moi ce papier, il servira » à l'histoire de ma vie, que mes » enfants chercheront à recueillir » quand leur jugement sera formé, » si je n'existe plus à cette époque. »

M. Aufroy reçut la pièce, et a tenu parole.

Le 17 décembre 1814, environ 8 ans après l'époque du premier enlèvement de mes papiers, M. Aufroy m'a rendu ma lettre. Il s'est également rappelé des conférences de MM. Masson et Le Bon, des menaces du tranchant avoué. Il se rappelle, parce que c'est là vérité, que ces honnêtes personnages eurent la barbarie de me laisser sans secours pendant une maladie grave que je fis, et qu'ils poussèrent l'impudeur jusqu'à ne pas envoyer les trois derniers mois de la pension alimentaire dont l'auguste princesse Caroline m'avait gratifié; mais qu'on jugea à propos de me supprimer quand ma complaisance et mes signatures devinrent inutiles.

Ce ne sont certes pas là des faits inventés ! M. Le Bon et son gendre ne pourront nier qu'à ma sortie de captivité je me présentai à eux pour réclamer cette modique somme, et qu'ils eurent *la grandeur d'ame* de me la refuser ! Ils se rappelleront que je fus de nouveau arrêté à Paris, parce que je demandais l'exécution de leurs promesses ! ce trait est remarquable et je dois le narrer.

J'arrivai à Paris en mars 1807. Mon premier soin, après m'être réuni à ma famille, fut de me présenter à MM. Le-Bon et Masson. Ils me renvoyèrent à M. de Longchamp, secrétaire des commandements de la princesse Caroline: celui-ci se chargea de parler de moi à sa maîtresse ; mais *l'auguste* lui défendait de jamais prononcer mon nom devant elle.

Cette conduite abominable ne m'arracha pas un murmure; mais par cela même que je ne parlais point, on pensa que je nourrissais des projets hostiles, on craignait que je ne publiasse l'histoire de mes persécutions. Il s'ensuivit de ces idées la conséquence d'un second enlèvement de ma personne et de mes papiers.

Cette fois il n'est plus question ni

de traite ni de La Feuille. Le jugement prononcé à Versailles avait eu son effet. Il n'existait même pas de prétexte pour me ravir encore ma liberté : que ne peut l'arbitraire certain de l'impunité !.... Je fus arrêté au milieu de mes enfants qu'il me fallut encore abandonner. On fouilla partout jusque dans mes vêtements, on épouvanta les maîtres de la maison où j'habitais, et tout ce que je possédais encore de papiers me fut ravi.

En arrivant à la préfecture de police on me mit au secret. Je demeurai onze jours sans être interrogé. Je le fus à la fin par l'honnête M. Bouchesseiche qui me rendit, en présence de l'inspecteur-général Veyrat, quelques productions de mon esprit, en déclarant qu'il ne trouvait rien de répréhensible dans le reste.

Je m'attendais à être relâché... On m'envoya à la force.

En arrivant dans cette prison, j'élevai la voix et demandai mon crime. Le préfet Dubois, quoique fait aux cris des victimes, crut de sa prudence de déclarer au ministre de la police qu'il ne prendrait pas sur lui de me détenir plus long-temps; mais complaisant magistrat, dévoué, respectueux, tremblant devant la favorite de son maître, il disait que j'étais un *mauvais sujet*, que je serais toujours *dangereux en France, parce que j'avais menacé la vie de grands personnages, aux noms de qui malheureusement mon nom était mêlé.*

M. Dubois serait fort en peine de dire où il avait pris la particularité relative à la menace. Si j'avais effectivement proféré celle qu'il me reprochait, il ne s'en fût pas tenu à des mots, et le cordon des muets eût fait de moi un autre Pichegru. Quant à l'épithète de mauvais sujet, je l'en remercie : un mauvais sujet de son estimation alors, était un anti-bonapartiste, et je m'avoue, auprès de M. Dubois, un mauvais sujet dans toute la force du terme.

Apparemment que le ministre Fouché ne trouva pas à propos de me déporter, puisque la mesure ne fut pas prise. Il est à présumer que l'on préféra me garder dans mon pays, où, malgré la logique de M. Dubois, j'étais moins dangereux pour *la vie de ses grands hommes*, en ma qualité d'honnête homme, que je n'eusse été fatal à leur réputation sur un sol étranger, où mes enfants et moi eussions infailliblement trouvé des hommes en fuyant des tigres.

A la suite du fameux rapport, et

sur nouvelles instances de ma part, on m'offrit la liberté, mais à condition de quitter Paris. J'étais las d'esclavage, je consentis, et fus exilé à Tours.

## § XIX.

*Histoire de mon exil.—Je suis rendu à l'armée à l'insu du ministre de la police.—Il veut me faire arrêter de nouveau et il échoue. —Preuves du systême d'absorption arrêté envers moi.*

Il ne me fut accordé que vingt-quatre heures pour rester à Paris. La Providence qui m'a toujours servi, a permis que, dans ce court délai, je pusse trouver un pensionnat pour ma fille et un autre pour mon fils. Après les avoir placés, je pris le chemin du lieu de mon exil.

Telle avait été la générosité de la police que je fus obligé de me mettre en route sans une obole. Il m'était impossible de voyager sans ressources, à moins de mendier : en arrivant au Bourg-la-Reine, je fis part de ma position au maire et lui demandai la permission de passer vingt-quatre heures dans sa commune pour me procurer des ressources. Il m'autorisa à séjourner, j'écrivis à Paris. M. Le-Bon, par miséricorde, me fit l'envoi de quinze francs, un ami m'arrêta une place à la diligence jusqu'à Orléans, et me recommanda à M. Lebrun, directeur des messageries. M. Lebrun me fit transporter à Tours où j'arrivai enfin.

Mais comment vivre dans un pays où j'étais inconnu ? j'écrivais à Masson, je le harcelais et il m'envoya cent pistoles.

Il ne faut cependant pas croire que l'envoi de cet argent soit dégagé de mystère et de subterfuges! Je reçus par l'intermédiaire de la maison Gaudelet Dubernad; et par les mains de M. Dominique Valin, négociant à Tours, 380 et quelques francs en numéraire. Le reste de la somme fut employé au remboursement des minimés avancés de M. Le Bon, au paiement de mes frais de nourriture à la Force et à l'achat de quelques hardes pour mes enfants, achat dans lequel Masson n'oublia pas la maxime de madame Campan: *rien sans intérêt*.

Croira-t-on que l'effronté Masson a osé transformer depuis ces 1000 francs en trois mille? Il a effectivement prétendu m'avoir envoyé la dernière somme; mais il s'était écoulé huit ans lors de sa jactance auprès de quelqu'un qui en déposera en tems et lieu; et il ne lui restait présent à la mémoire que la vérité de la recette : il avait oublié les *retranchements*.

Il s'est aussi vanté de m'avoir sorti d'exil et fait remettre en activité de service. De quels mensonges n'est pas capable l'insidieux Masson? J'ai effectivement été rendu à mes droits militaires, je suis sorti d'exil... Mais M. Le Bon que je rencontrai à Melun, et qui s'étonna de mes succès, sait bien que son gendre n'y avait contribué en rien.

J'avais fini par être aimé à Tours et je menais dans cette ville une vie assez agréable, quand le maréchal Berthier quitta le porte-feuille de la guerre qui fut remis au général Clarke.

Je dressai deux pétitions au nouveau ministre. Dans la première, je demandais le paiement de ce qui m'était dû; dans l'autre, mon placement comme titulaire dans un régiment.

Le ministre, homme probe, se fit rendre compte de ma position militaire, et dans l'ignorance où il était de ma position politique, il m'écrivit que je serais payé et placé, en fondant sa décision sur mes bons services dont les preuves étaient dans ses bureaux.

Est-ce le superbe Masson qui m'a valu cet acte de justice?

Ce fut le dixième mois de mon exil que je quittai Tours avec la permission du préfet et du maire, à l'insu du ministre de la police, pour me rendre à Besançon en qualité de lieutenant au 64e. régiment de ligne.

Il est avéré au ministère de la guerre que je n'ai sollicité ni le 64e. régiment, ni la garnison où était son dépôt. Mais comme si une combinaison avait amené ma direction sur cette ville, j'y rencontrai à table d'hôte, à l'Hôtel national, La-Plaigne, sa femme et sa jeune fille Zulma. Ils étaient exilés là comme je l'avais été à Tours. Notre reconnaissance opéra un coup de théâtre : la scène commença par l'arrivée des La-Plaigne, qui ne m'apperçurent point. Madame, occupée à jouer l'aimable auprès d'un jeune cavalier, ne faisait pas attention aux convives; mais le mari jeta par hasard les yeux sur moi, et me reconnut. Il pencha le dos de sa chaise en arrière pour avertir sa femme, mais celle-ci, accoutumée à ne pas faire attention à lui, continuait une conversation galante. Zulma, placée entre son père et sa mère, fit cependant sonner mon nom aux oreilles de celle-ci : un rouge vif colora les joues de Mme. La-Plaigne;

nos yeux se rencontrèrent, elle s'évanouit : il fallut l'emporter dans son appartement.

Quand elle eut repris ses sens, son premier soin fut d'écrire à Paris notre rencontre. Le ministre de la police, qui me croyait encore à Tours, s'imagina que je m'étais engagé comme soldat au 64e. régiment pour me soustraire à son autorité, et il donna l'ordre au préfet du Doubs de me faire arrêter et conduire à Paris.

J'avais prévu la mesure, et j'avais travaillé à en empêcher l'effet. On n'arrête pas un officier sous ses drapeaux sans faire un éclat. Le commandant du dépôt et le général de division, à qui j'avais fait part de mon histoire et des risques que je courais, me promirent leur appui, parce qu'ils m'avaient vu servir, et qu'ils s'étaient formés, de moi, une opinion favorable. Ils tinrent parole: l'ordre de mon arrestation arriva, mais il était dirigé contre le nommé Revel, cru simple soldat, et il ne pouvait s'appliquer à M. Revel, lieutenant breveté, sur qui le ministre de la police n'avait plus d'autorité sans le concours du ministère de la guerre.

L'ordre du ministre de la police demeura oiseux, parce qu'il avait porté à faux. Le ministre de la guerre soutint probablement son ouvrage, puisque ma nomination fut maintenue, mais la politique exigeait que je vécusse loin des La-Plaigne..... Je reçus une lettre de passe pour le 61e. régiment, avec ordre de rejoindre son dépôt à Worms.

Si on m'eût envoyé à ce régiment avec un grade supérieur, ma sortie du 64e., où j'avais à peine passé deux mois, n'eût pas semblé étrange, mais le système d'absorption avait été maintenu ; j'avais été condamné de nouveau à vivre dans les petits emplois. Je passe sur les difficultés que j'eus à surmonter au 61e. régiment. La régularité de mon service m'y rendit recommandable, et je fus élu capitaine.

Il arriva, dans ces entrefaites, des événements que je ne dois pas taire.

Le préfet de police, à qui j'avais demandé la restitution de mes papiers enlevés à deux reprises, me répondit qu'il me rendrait ceux de ces papiers concernant mes services. Il exigea seulement la présentation d'un fondé de pouvoirs, à qui la remise pourrait être légalement faite. M. Gabillot se présenta muni d'une procuration notariée, et il reçut les papiers militaires dont l'*indulgent* préfet voulait bien me remettre en possession.

La campagne de 1809 m'offrit de nouvelles chances. Je partis pour l'armée avec trois cents hommes; j'en avais deux mille sous mes ordres au camp de Landshut, dont le commandement me fut donné par le général Grandjean.

En arrivant à Vienne, nouvel événement. Je rejoignais le 61e. avec quelques sous officiers et caporaux destinés au quatrième bataillon, en avant des trois premiers et faisant partie de la réserve qui, par singularité, figura en première ligne. En arrivant au grand quartier-général, je fus retenu par le général Vignolle, sous-chef du grand état-major. Il me donna la mission d'exécuter la capitulation de Vienne, en ce qui concernait les prisonniers de guerre. Je remplis mes devoirs de manière à mériter des éloges. Des récompenses me furent promises, et peu s'en fallut que je n'en obtinse.

A peine avais-je fini les travaux exigés par la capitulation, qu'un général (M. Bron), chargé de la remonte de la cavalerie des armées d'Italie et d'Allemagne (1), me demanda, comme aide-de-camp, chef d'état-major. La dernière fonction n'était pas un titre constitué; mais, en ma qualité de premier aide-de-camp, elle m'était dévolue de droit. Cet établissement avait le ton

(1) Il ne faut pas confondre cette remonte avec celle confiée au général Boursier, à Passau. Les deux généraux opéraient indépendamment l'un de l'autre.

et les attributions d'un corps d'armée. Je remplissais mes devoirs avec zèle; le prince Berthier commençait à parler de moi avantageusement, signe certain de faveurs prochaines. Je vivais dans cette espérance quand, un matin, le général Bron me communiqua un ordre portant que je devais être renvoyé à mon régiment, et ce, sans délai.

Le lecteur apercevra ici la main du ministre Fouché. Il reconnaîtra la poursuite du système d'absorption, arrêté à mon égard. Le mari de la St.-Laurent devait être écarté de cette chaste moitié et de son illustre amant, dans quelque lieu qu'ils se trouvassent l'un ou l'autre, ou leur clique. On me découvre à Pentzing, village contigu à Schoenbrunn, et, malgré des services récemment rendus et appréciés, je dois être chassé loin du *grand homme* qui a la pauvreté d'esprit de me craindre.

Ce coup d'état s'explique facilement: en passant de la ligne aux états-majors, j'avais besoin d'un nouveau brevet, on me l'expédia, mais le mari de la St.-Laurent fut signalé... Le *grand homme* tremble aussitôt pour ses jours! La police du quartier général reçoit l'ordre de s'enquérir de mes moindres actions, et si on en avait trouvé une seule d'équivoque, c'en était fait de moi. Les renseignements me furent favorables. On se contenta de l'absorption, je fus renvoyé au 61e. régiment.

Mon retour à ce corps produisit un orage. J'y avais été remplacé. La disgrâce mystérieuse que je venais d'éprouver n'était pas propre à me rendre intéressant. Mes amis devinrent froids, mes jaloux crièrent à tue tête; les capitaines s'assemblèrent pour s'opposer à ma réadmission ; le colonel se rangea du côté du plus fort parti, et sous prétexte qu'il n'avait pas reçu d'ordre pour me réintégrer, il me rejéta.

Je n'étais effectivement porteur que d'un ordre du général Bron, dont l'autorité se bornait alors à la remonte; il m'en eût fallu un de l'état-major général pour lever toute difficulté de forme. J'écrivis au général Bron de le solliciter : il n'en fit rien ou on ne l'écouta pas, et je demeurai errant dans l'armée.

Je crus un moment que l'on avait sourdement excité contre moi le 61e. pour se servir de rumeur et me rayer du tableau de l'armée avec quelque apparence de raison. Accoutumé à tout braver mais à me conduire avec ménagement, je me rendis à Vienne pour tâcher de connaître les projets que l'on pouvait avoir formés : tous les visages se composaient à mon approche, on me conseillait de prendre garde à moi : je me vis dans un imminent danger.

Il fallait un dénouement à cette comédie, et j'aurais pu payer de ma tête la moindre imprudence. Il appartenait au général Bron de me mettre en règle et de me munir de papiers suffisants pour me faire restituer mon service au 61e. régiment d'après l'ordre qu'il en avait reçu ; j'appris que le quartier-général de la remonte avait été changé de suite après mon départ, et placé à Closternebourg : je m'y rendis.

En me voyant arriver, le général Bron manifesta des craintes qui n'étaient pas faites pour me rassurer. Il me voyait atteint de peste politique; et craignant la contagion, il m'engagea à la quitter au plus tôt.

L'état d'incertitude où je me trouvais n'était propre qu'à m'inspirer des partis extrêmes. Le plus dangereux que j'aurais pu prendre eût été de me présenter brusquement à Napoléon, et de lui demander justice contre lui-même. On me détourna de ce moyen. Il ne m'en restait qu'un pour faire fixer mon sort et je le pris. J'écrivis énergiquement au prince major-général, en lui donnant avis que j'attendrais ses ordres ultérieurs à Nicolsbourg en Moravie, lieu de cantonnement du 6me.

Un courrier d'estafette m'apporta deux jours après une lettre du prince ainsi conçue : « Monsieur, vous êtes » prévenu que, d'après les ordres de » l'empereur, vous devez rentrer au

» 61e. régiment pour y reprendre » votre service. »

Un pareil ordre ne pouvait être méconnu : le colonel me rétablit, mais quoique mon rang d'ancienneté m'assignât une compagnie au premier bataillon, je fus placé au quatrième, fondu dans les trois autres, et renvoyé à Worms avec le cadre dirigé sur cette place pour s'y réunir au dépôt.

Quoiqu'il y eût partialité de la part du colonel, je ne fus pas fâché de m'éloigner de lui et de ses favoris. Il me permit de précéder le 4e. bataillon, ce qui me donnait l'avantage d'arriver plus vite à Strasbourg, d'où je me proposais d'adresser un mémoire au ministre de la guerre qui m'avait placé, maintenu et avancé, pour lui remettre sous les yeux l'agitation de ma vie, et le prier de faire cesser les tourments auxquels j'étais en proie.

Je tombai malade à Strasbourg. Tant de secousses ne pouvaient produire un autre effet. J'avais besoin d'embrasser mes enfants, et d'aviser aux moyens de faire continuer leur éducation. Les médecins attestèrent qu'un congé d'un mois m'était indispensable. J'appuyai de cette pièce une demande pour me rendre à Parir; et sûrement j'eusse obtenu cette légère faveur, si, comme on sait, il n'avait d'avance été arrêté en principe que je serais tenu constamment éloigné de la capitale, et des lieux où ma présence *pourrait être dangereuse*, principe qu'on a su appliquer à Besançon et à Pentzing. J'éprouvai un refus. La réponse était un ordre au major du 61e. régiment de me faire rentrer à Worms, *d'où je ne pourrais m'éloigner sous aucun prétexte.*

Ce major était un vrai rhinocéros, une de ces ames viles qui basent leur intérêt sur le mal qu'elles peuvent faire. M. *Marchal*, connu au 2e. de ligne comme le plus méchant des hommes, m'accabla de l'abus de son autorité; les punitions pleuvaient; toutes les semaines il y avait des rapports contre moi aux généraux et au ministre; les officiers me cherchaient querelle: j'étais en butte à tous comme Coclès sur son pont, et comme lui je me défendais en désespéré.

Pendant que j'étais occupé à cette lutte pénible, il me survint un autre incident, mais le plus bizarre qu'on puisse imaginer. Depuis long-têms la culture des lettres me dédommageait des persécutions. Je voulus un jour essayer de réduire en allégorie toutes les chances de la vie humaine. Je fis le plan d'un cachet de forme ronde ; on voyait un nuage ; de ce nuage sortait la foudre dont les dards jetaient sur la terre une corne de cerf, une pluie d'or, des chaînes, un rayon de gloire, des fleurs et des épines. Un zig-zag partant du nuage et s'y perdant offrait pour exergue, le *cosi va il mondo* des italiens : ainsi va le monde. Je fis graver ce cachet et je m'en servais. J'ignore qui dénonça cette conspiration de mon esprit contre l'ennui et l'injustice, mais le général Schaal, commandant de la division à Mayence, me manda chez lui, et me donna connaissance d'une lettre du ministre de la guerre, portant que *le capitaine Revel se servant d'un cachet aussi extraordinaire que ridicule ; il devait lui être interdit d'en faire usage et lui être notifié même, qu'il y aurait prudence, de sa part, d'en faire la remise au général Schaal.*

« Qu'à cela ne tienne, répondis-je » au général avec un ton de gaité au- » quel il ne s'attendait pas! mon ca- » chet est à Worms, vous le rece- » vrez avec un mémoire qui ne lais- » sera rien à désirer sur les inten- » tions que j'ai eues en imaginant » l'allégorie. »

Je tins parole, et le général reçut avec le cachet cette explication.

« Les cornes sont un attribut de la » puissance et de la grandeur. C'est » dans ce sens que la mythologie les » donne à Bacchus, conquérant de » l'Inde. Ceci regarde les potentats.

» *Une pluie d'or!* un homme » peut être accablé des dons de la » fortune.

» *Des chaînes!* il peut être mal-
» heureux et dans les fers.

» *Un rayon de gloire*! il peut parvenir aux plus grands honneurs.

» *Des fleurs et des épines*! sont les emblêmes des petits plaisirs et des petites peines de ce bas monde.»

Je n'ai plus entendu parler ni du cachet ni de la mesure à laquelle il avait donné lieu.

## §. XX.

*Persécutions nouvelles. — Preuves complettes du systême d'absorption.*

Les haines vont croissant dans les troupes jusques au dénouement de la querelle, ordinairement fatal au subordonné. L'irritabilité extrême du major Marchal était à son comble. Il s'en prenait à ma compagnie, aux officiers sous mes ordres, à mes sous-officiers. C'était un crime d'être mon ami. Il avait trouvé son pareil dans le général Cambacérès, et je me suis vu emprisonné, privé d'un congé de semestre, extrait de l'hôpital de Mayence par la force des baïonnettes, pour être conduit, quoique très malade, à la citadelle, dans un lieu ouvert à tous les vents, où il n'y avait même pas de la paille pour se coucher. Je serais mort si des officiers de santé courageux n'eussent fait trembler ce général extraordinaire, qui se désista de ses stupides fureurs. A l'égard de Marchal, si je ne pouvais lutter d'autorité, je luttais de courage et de persévérance, et ce furieux s'est arrêté plus d'une fois au milieu de ses emportements.

Quand les extrêmes se touchent il faut une explosion : je demandai mon changement de corps ; le ministre me l'accorda pour le 37e. régiment de ligne, et dans les bataillons de guerre alors sur les côtes d'Oostfrise.

Le major Marchal me poursuivit dans ce régiment. Il y était connu et tant que le brave colonel Gauthier commanda, le rhinocéros ne put me dévorer. Mais quand il fut nommé général, et qu'un *Mayot* le remplaça, les scènes du 61e. se renouvelèrent.

Je passe sur les injustices du colonel Mayot dont la mémoire n'est pas en vénération. Je me bornerai à rendre compte d'un événement qui prouvera au lecteur combien Buonaparte s'occupait de moi et poursuivait son systême.

Le 37e. régiment était à Groningue. Il reçut l'ordre de se rendre à Swol pour passer la revue de l'empereur. Une partie du 2e. corps d'armée, commandé par M. le duc de Reggio, fut réuni là. Mon intention était de forcer Buonaparte à prendre un parti définitif à mon égard. J'étais décidé à lui dire à la tête de ma compagnie, que l'époux de la Saint-Laurent était las de persécutions. Quelles que fussent les pensées qui l'agitassent il ne parut pas au régiment. Son major-général passa la revue du 57e.

J'attendais la fin des manœuvres, et il est à remarquer que pendant ce tems il se tint derrière ma compagnie. Il touchait presque mon sous-lieutenant Vilmain qui m'a appris cette circonstance. Quelle intention peut-on prêter au grand homme dans de pareilles démarches? Ce n'est pas tout: j'attendais la fin des manœuvres pour l'aborder. Il eut la précaution de faire réunir les officiers du 37e. en peloton pendant qu'il écoutait ceux des autres régimens. Il monta ensuite à cheval, passa devant notre peloton et le salua en disant: je vous reverrai dans quatre mois.

Je ne crus pas encore la partie perdue. Je me réservais pour Swol.

Vain espoir! Les officiers furent, par ordre supérieur, réunis sur une place, et dans l'intervalle *sa Majesté* partit.

Le hasard seul n'a pu produire une telle suite d'événements coïncidents. Il y avait nécessairement un calcul dans cette conduite. Elle est sans exemple de la part d'un monarque envers un simple officier. Il y mit le sceau en me donnant ma retraite à Marienwerder.

Une injure que j'avais éprouvée de la part du colonel Mayot dans un ordre du jour de cet homme mal élevé, et que j'ai vainement voulu faire vider par un conseil de guerre, ne pouvant obtenir d'autre satisfaction, fut cause de rapports tels qu'en fait un chef qui veut nuire, et ces rapports offrirent un prétexte sourd au grand homme de m'éloigner de sa présence par la retraite.

Je m'attends à trouver des incrédules ; on me dira : Buonaparte, exécutant alors un plan de guerre immense, ne descendait pas jusqu'à un individu. Mais je n'étais pas un petit individu pour lui, il me supposait son ennemi; et de ce qu'il n'a pas osé me sacrifier à des craintes que je neutralisais, c'est parce qu'il redoutait la vengeance de l'opinion publique.

Buonaparte était soupçonneux à l'excès ; personne ne l'ignore. Il aimait à s'appesantir sur les moindres détails. Tourmenté d'une stupeur secrète, il était toujours en crainte de sa vie. Avec un peu de bon sens, il aurait pu se convaincre que mon but n'était pas de m'avilir par le rôle d'assassin, puisqu'il s'était trouvé vingt fois, sans danger, à côté de moi aux revues de Schonbrunn. Peut-être cette idée contribuait-elle à son hésitation. Son esprit a souvent flotté entre les extrêmes et adopté des petitesses. Je laisse à mes lecteurs le soin de juger les intentions de Buonaparte envers moi, d'accorder l'incohérence de ces procédés. Il sera toujours vrai, à leurs yeux, que le ravisseur de ma femme ne perdait pas de vue le mari.

En recevant l'annonce de ma retraite, je me plaignis amèrement. Je trouvais mon honneur personnel compromis. Il circulait du sang français dans mes veines, et quelle que fût la cause de la guerre, cause qu'il ne m'appartenait pas de juger, je voulais rester dans les rangs pour combattre. J'en atteste monseigneur le duc de Reggio et M. le baron de Laurancet, son chef d'état-major au 2e. corps d'armée : je criai contre une mesure que je trouvais offensante, tant il est naturel à un Français de s'irriter de tout ce qui blesse le point d'honneur. M. le maréchal ne put rien contre un décret. Il fallut rentrer dans mes foyers, suivant la lettre du prince major-général, du 23 mai 1812.

Mais où étaient mes foyers? J'avais mon domicile politique et de fait à Paris; on m'en avait défendu l'approche comme époux de la St. Laurent. Pouvais-je y revenir? Telle est la question que je m'adressai en prenant la route de France.

J'eus le temps de réfléchir en chemin. Le résultat de mes calculs fut de me tenir en garde contre la police qui, sans doute, allait rentrer dans son investiture de surveillance envers moi. J'écrivis de Berlin au ministre de la guerre, pour lui demander la permission de rentrer au sein de ma famille, en d'autres termes de toucher ma pension de retraite à Paris, où je prouvais être domicilié depuis 1804.

En arrivant à Hambourg, ma première destination, où j'avais prié S. Exc. de me faire parvenir ses ordres, je reçus une lettre, dans laquelle on me disait que, n'étant pas né dans l'un des départements de la Seine, Seine-et-Oise et Seine-et-Marne, je ne pouvais être admis à recevoir ma solde de retraite à Paris (1).

---

(1) Ce refus, émané de la 5e. division du ministère de la guerre, était si mal fondé, qu'en rentrant des prisons de Russie, l'année dernière (on verra bientôt comment j'y avais été conduit), j'ai obtenu la permission qui m'avait été refusée. Ma carte de sûreté porte que ma résidence à Paris a onze années de date.

La confirmation et la reprise de mon exil étaient évidentes. Comme le voyageur autour du monde, je revenais au point d'où j'étais parti. Il est vrai que le ministre me laissait la faculté de fixer mon domicile toute autre part qu'à Hambourg, Paris excepté; mais puisque j'étais exclu de celui que j'avais légalement acquis, tous les autres devaient m'être indifférents. Au reste, comme je ne connaissais pas le dessous des cartes, il me sembla qu'en cas de persécutions nouvelles, j'avais à Hambourg plus de moyens de me préserver qu'ailleurs, puisque le Danemarck et le Mecklembourg m'offraient, par leur extrême voisinage, la facilité de fuir en terre hospitalière. D'après ces considérations, je me fixai à Hambourg, avec l'autorisation du ministre, qui donna des ordres pour me faire toucher, dans cette ville, ma pension, fixée à six cents francs.

Me voilà donc devenu habitant d'Hambourg! Mais que faire dans cette ville, où la vie animale est hors de prix? Avec ma pension de six cents francs, je ne pouvais suffire à mon existence. Je sollicitai des emplois civils et il ne m'en fut accordé aucun. Le barreau m'offrit une ressource, et j'eusse obtenu des diplômes d'avocat sans la révolution qui éclata dans l'Anséatique.

Cette révolution m'a conduit en Russie, comme prisonnier de guerre, en ma qualité de capitaine. Un peuple soulevé ne raisonne pas. Quoique ne remplissant à Hambourg aucune fonction civile ni militaire, on m'appelait capitaine, et des hommes de milice me constituèrent prisonnier dans mon domicile, comme si j'avais été pris les armes à la main.

En vain j'ai représenté que le droit des gens était violé en ma personne. Il me fallut subir mon sort et perdre avec la liberté tout ce que je possédans le monde et que j'avais réuni à Hambourg, où j'attendais ma famille.

Les nations se doivent réciproquement la réparation de torts que des cas fortuits causent à des individus; et n'ai-je pas lieu d'espérer le redressement de celui que j'ai éprouvé à Hambourg, si j'ai le bonheur que ce Mémoire parvienne à la connaissance de mon Souverain?

## §. XXI.

*Un mot sur la Russie. — Mon retour en France.*

Une longue route, une suite d'événements malheureux, un enchaînement de choses qui expliqueraient le dogme de la fatalité, si ce dogme était explicable, n'avaient pu affaiblir la force d'ame qui m'a toujours fait triompher des difficultés dont ma vie est semée. Je me disais que la Russie serait plutôt pour moi un asile qu'une prison. J'avais deviné, par un pressentiment l'existence d'un Koenigfels (1), d'un Sivert (2), d'un Du-

(1) Gentilhomme de Courlande.

(2) Gouverneur à Mittau.

hamel (1) : il est de ces hommes exprès formés par la divinité pour être utiles à leurs semblables. J'ai gardé le silence tant que j'étais près d'eux, pour que l'expression de ma reconnaissance ne leur parût pas suspecte de flatterie ; mais ils ajouteront foi à la sincérité de ce court éloge aujourd'hui que, libre et dans ma patrie, aucune considération ne peut maîtriser mon coeur ni diriger ma plume.

Je mis le pied sur le territoire français, le 23 octobre 1814. Ulysse de retour à Itaque ne put s'estimer plus heureux que moi. Je retrouvais mes pénates, mes enfants. La tyrannie était détruite, l'usurpateur chassé, les Bourbons régnaient. Je n'avais plus à redouter une police inquisito-

---

(1) Gouverneur civil de Livonie.

riale; les temples de la justice étaient rouverts, je pouvais revendiquer mes droits et demander raison des préjudices que j'avais éprouvés.

Ma femme habitait Paris; elle était veuve d'un second mari, et se disait épouse d'un troisième. Je m'empressai de l'assigner devant les tribunaux, pour voir casser le divorce frauduleux prononcé par le jugement du 11 avril 1806. Madame Saint-Laurent, devenue comtesse de Luxbourg, prit la fuite en Allemagne, et je poursuivais l'instance quand la seconde usurpation s'accomplit.

## §. XXII.

### *Ma conduite lors du débarquement de Buonaparte.*

La marche étonnante et rapide, la défection non moins rapide et non moins étonnante de l'armée, avaient mis toutes les consciences à découvert. Il était facile de reconnaître les opinions au rôle que l'on adoptait : *je m'enrôlai avec mon fils sous les drapeaux des Bourbons.*

Mais j'avais une fille sans mère, sans parents, sans protecteur que moi. Je ne pouvais abandonner une enfant parvenue à l'âge critique où la vertu a tout à craindre de la perversité. J'avais à concilier mes devoirs de bon Français et ceux de père : mon fils était dans les rangs des volontaires royaux. Je m'adressai à Mgr. l'archevêque de Reims, pour faire ouvrir un asyle religieux et cloîtré à ma fille. Le digne prélat daigna accéder à mes instances ; mais ses ordres ne me parvinrent que le 20 mars au matin.

Je courus de suite au château des Tuileries, et je n'y trouvai plus personne. Je voulais suivre le Roi, mais j'ignorais la direction que Sa Majesté avait prise. La mienne était pour Melun ; et si M. l'abbé Lemire, grand vicaire de Paris, ne m'eût prévenu que Buonaparte y était, je m'y fusse rendu immédiatement, après avoir fait usage de la lettre que M. Lemire me donna pour madame la supérieure d'un couvent près la Croix-Rouge, et mis ma fille en sûreté.

Mon embarras et mes craintes doublaient à chaque minute. L'aveu que je vais faire est pénible; mais il est nécessaire pour ma justification : j'étais sans argent, je courais chez toutes mes connaissances et ne trouvais pas une obole. La journée se passa en vaines recherches, et le soir le fléau du monde arriva.

Il serait difficile de peindre mes terreurs quand le bruit des fanfares annonça l'entrée triomphale aux Tuileries, du monstre qui allait attirer tant de désastres sur la France. Ce n'était pas la perte de ma vie qui me faisait trembler, c'était la perte de ma fille. Je me voyais arrêté de nouveau, forcé de la laisser seule et sans secours. A la vérité j'avais la ressource du couvent; mais j'étais obligé de payer, et pouvais-je espérer qu'elle conserverait cet asyle si je retombais dans les fers, hors d'état de faire face au prix de la pension? Tant d'idées accablantes m'avaient ravi même le pouvoir de penser ; j'étais désespéré. La nomination du duc d'Otrante acheva de porter le trouble dans mon ame.

Le lecteur conviendra que l'avènement d'un tel ministre n'était pas rassurant pour moi. Il parut bien des proclamations pleines de paroles de clémence, de promesses philantropiques ; mais je savais que les prétextes ne manquent pas à l'homme en place qui veut nuire, et raisonnablement je ne pouvais attendre de faveurs d'un chef d'état qui ne m'avait épargné que par miracle, mais qui allait trouver sous la main de son ministre la déclaration énergique de la haine que je lui devais.

Sauver ma tête et mon enfant était le cri de ma conscience. J'avais réussi à me tirer des mains du ministre Foucher, en invoquant la justice et la fermeté du ministre de la guerre. Il m'était permis d'espérer le même résultat d'un moyen semblable.

J'adressai au ministre de l'intérieur une demande rédigée dans ce sens :

« En l'an 8, j'étais secrétaire-
» général de département. Je quittai
» *volontairement* cette place pour
» être plus personnellement utile à
» mon pays. J'ai gagné ma retraite
» et une pension dont je jouis; preu-
» ve d'honneur, mais insuffisante
» pour me faire vivre honorable-
» ment. J'ai droit à un emploi civil,
» il serait juste de me rendre celui
» dont j'ai fait un sacrifice méri-
» toire. »

Je fus nommé secrétaire-général d'Eure-et-Loir.

Si toutes les nominations d'alors avaient été fondées sur de pareils titres, l'illégalité de la forme n'eût influé en rien sur la légitimité du fonds.

Qu'ai-je fait à Chartres?

Je m'y suis conduit en honnête homme.

J'ai revendiqué les droits de la place de secrétaire-général, avilie par les préfets.

J'ai voulu créer des archives et sortir les documents de la préfecture du chaos épouvantable où vingt ans de négligence les avaient laissés.

J'ai trouvé de l'opposition dans le bien que je voulais faire. De cette opposition même découle la preuve que je ne me suis occupé que de la réalisation d'idées d'ordre et de bien public.

J'ai abandonné pour obéir à l'ordonnance royale, mais j'ai fait valoir mes droits; et une lettre du ministre de l'intérieur, sous la date du 27 septembre, prouve qu'ils ne sont pas oubliés.

Pendant la durée de la dernière usurpation, je me suis bien gardé de poursuivre le procès contre ma femme, procès dans lequel le nom de Buonaparte et sa moralité, le nom et la moralité de deux membres de sa famille sont compromis. L'avoué Masson, leur agent, faisait alors feu et flamme; je ne me suis occupé que d'empêcher la plaidoirie qu'il poursuivait à outrance, et qu'il voudrait bien empêcher à son tour (1).

---

(1) J'avais à peine fini ce paragraphe, que l'avoué Masson a eu connaissance de mon Mémoire; il en a cité le titre, et l'a cité tel qu'il est. Certes, ce n'est pas moi qui le lui ai di-

vulgué ! Tout à coup il a demandé l'appel de la cause à jour prochain et préfix. Il a prétendu que je publiais un libelle ; que j'avais fait de ce libelle un sujet de spéculation ; il a déclaré savoir qu'il était attaqué en personne. De quelle part sont venus à M. Masson de pareils renseignements ?

Il peut appeler mon Mémoire un libelle, si tel est son bon plaisir. J'en signe tous les exemplaires, pour donner une garantie à lui et à tous ceux dont je parle, dans le cas où ils croiraient pouvoir récriminer.

Je fais vendre mon ouvrage, parce que, grâce à Buonaparte et Murat, à leurs complices, à ma femme et à sa famille, j'ai été ruiné ; parce que, pendant les dix ans de persécutions que j'ai éprouvées, j'ai contracté des dettes, et qu'il est plus honorable de vouloir payer ses créanciers, que de demeurer insolvable par fausse pudeur. Les honnêtes gens ne me blâmeront pas d'offrir au public un livre qui perpétuera la mémoire d'un crime incontestable commis par deux hommes célèbres par leurs forfaits, et dont tout bon Français doit vouer les noms à l'exécration des siècles.

## § XXIII.

### *Considérations générales. — Rapprochements et conclusion.*

Le seul avantage que ma femme et ses conseils pourront faire valoir contre moi, est cette condamnation correctionnelle que je dois à leurs bons offices et à l'influence de Murat. Mais l'arrêt qui la prononce est lui-même son antidote. L'accusation emportait la peine des fers et la flétrissure. Cette peine n'a pas été infligée, donc je n'étais pas coupable.

Tous les jugements rendus par la

justice civile contre des militaires, sont envoyés au ministère de la guerre. La division du personnel ne propose jamais la réadmission d'un officier à l'activité, sans consulter le bureau de police pour en connaître la conduite. Le jugement de Versailles n'était pas un mystère; il fut mis en balance, et le ministre n'y eut aucun égard quand il me rendit à mes fonctions.

Je me suis conduit dignement dans l'armée. Malgré les tracasseries sans nombre, j'ai obtenu de l'avancement par l'effet seul de mes services. J'ai été admis à la retraite avec pension, dernier degré d'honneur militaire. Il est vrai que je n'ai reçu ni croix, ni grades supérieurs, mais les favoris de Buonaparte étaient priviligiés pour ces faveurs, et je me félicite de ce qu'il ne m'en soit obvenu aucune en partage (1).

Ma nomination de sécrétaire général d'Eure et Loir, toute illégale qu'elle est, met le sceau à mon irréprochabilité. Elle a été motivée sur des droits réels, l'esprit de parti n'y a eu aucune part. Si on pouvait penser que le ministre Foucher ne m'a pas reconnu, on ne rendrait pas justice à son mérite. J'avais pris des précautions pour qu'il ne m'ignorât pas; et l'intention que j'avais eue de me rendre utile, en demandant une fonction publique, le contint.

---

(1) Je n'entends pas dire que les Buonapartistes seuls aient été décorés et dotés. Il est, et je me plais à le reconnaître, une infinité de gens estimables, qui n'ont eu d'autre titre à ces récompenses que leur mérite et des services rendus à la France.

Et, dans toutes les têtes bien organisées, ne restera-t-il pas le jugement du bon sens, que puisque je n'ai pas été sacrifié malgré l'influence de Murat et de Buonaparte, j'étais irréprochable ?

Aucune accusation ne motiva le second enlèvement de ma personne et de mes papiers. Pourquoi donc ont-ils eu lieu? Pourquoi? C'est que je ne cessais d'être le même homme, chargé du même crime, du crime irrémissible d'avoir épousé une femme dont les attraits ont fait tourner des têtes couronnées. . .

Croira-t-on que ces grandes têtes, en tournant, ne m'ont pas fait créer la faute dont je les ai forcées de me laver ensuite par le seul ascendant de la vérité. . .

Mais, Messieurs Masson et Le

Bon se laveront-ils d'avoir été les instruments de la détestable combinaison qui a privé un époux de son épouse, un citoyen de sa liberté, un père de famille de ses enfants pendant dix ans? Qui croira que MM. Masson et Le Bon se soient donnés autant de peine pour faire commettre une injustice révoltante en faveur du *grand Buonaparte* et du *grand Murat*, sans une récompense proportionnée à cet odieux service?

Qui croira que madame Campan n'a pas conseillé, entraîné son élève vers le précipice où elle est tombée? Qui croira que cette institutrice célèbre dans les annales de l'usurpation, n'a eu aucune part au gâteau friand préparé pour l'immoral festin du ravissement de mon épouse?

Viennent ensuite les magistrats.

M. le *procureur général-impérial Giraudet*, qui, pour me faire condamner à quelque chose, ne pouvant me perdre, m'accuse d'être délaissé par ma femme, et me fait un crime d'un crime commis envers moi pour servir Murat.

M. *Dubois, préfet de police*, qui plus tranchant, plus absolu encore, dit que je suis *un mauvais sujet*, m'accuse de menaces attentatoires à la vie de ses maîtres, et pousse son zèle, pour mieux les servir, jusqu'à la destruction de mes papiers.

*M. l'officier de l'état civil du premier arrondissement de Paris*, qui se hâte de prononcer mon divorce et dégage, par l'abus de son autorité, une femme des liens que la religion consacre, dont les moeurs veulent le maintien, et dont la loi ne permet la dissolution que dans les cas opposés à celui qui m'est relatif!

Ce fonctionnaire aura bientôt à se justifier devant les tribunaux où je le ferai paraître. Il déduira les raisons qu'il a pu avoir pour enfreindre les articles 264 et 265 du Code civil ainsi conçus :

« Art. 264.—En vertu de tout ju-
» gement en dernier ressort ou passé
» en force de chose jugée, qui au-
» torisera le divorce; l'époux qui
» l'aura obtenu, sera obligé de se
» présenter dans le délai de deux
» mois devant l'officier de l'état ci-
» vil, l'autre partie duement appe-
» lée, pour faire prononcer le di-
» vorce.

» Art. 265.—Ces deux mois ne com-
» menceront à courir à l'égard des

» jugements de première instance, » qu'après l'expiration du délai d'ap- » pel ; à l'égard des arrêts rendus par » défaut en cause d'appel qu'après » l'expiration du délai d'opposition. » Et à l'égard des jugements contra- » dictoires, qu'après l'expiration du » délai en cassation. »

Il m'opposera mon aquiescement au divorce et ma renonciation aux droits d'appel et de pourvoi en cassation !

Mais un officier des actes civils est tenu de savoir la loi. L'acte qui lui a été présenté en date du 20 avril 1806, ainsi que je l'ai déjà observé, a eu lieu dix-neuf jours après le jugement qui admet le divorce. Il a été passé dans une prison.

Le lieu seul devait rendre l'acte suspect de fraude. L'officier des actes civils voyait devant lui l'attrayant morceau du litige ; il ne pouvait ignorer sa vie, déjà scandaleuse; il devait penser que la violence avait été possible envers le mari dans les fers. Il devait consulter l'art. 6 du Code civil :

« On ne peut déroger, par des con» ventions particulières, aux lois qui » intéressent l'ordre public et les » bonnes mœurs. »

Et l'art. 2053 portant (en décidant le principe que la transaction peut être rescindée) :

« Elle peut l'être dans tous les cas » où il y a dol ou violence. »

Dans le doute, il était de son devoir et de sa probité de refuser son intervention. S'il ne l'avait pas accordée avant l'expiration des délais. je redevenais libre; j'attaquais le jugement du 11 avril 1806, comme je l'ai fait par exploit du 3 décembre 1814, époque à laquelle mes persécutions ont cessé.

Sans la complaisance de ce fonctionnaire, instrument de la loi, j'eusse, non pas repris ma femme, déjà abandonnée au vice, mais recouvré ma fortune.

Les auteurs et signataires du jugement du 11 avril 1806, viendront dire, devant la justice régénérée, pourquoi ils ont prononcé un divorce pour cause d'excès, sévices ou injures graves, lorsque l'enquête faite à la poursuite de l'époux, demandeur, contre l'époux défendeur, en prison, n'a pu donner la preuve ni d'excès, ni de sévices, ni d'injures?

Ils diront pourquoi, contre l'opinion de trois juges intègres, consignée au jugement de partage du 28 mars 1806, ils ont pu trouver une injure grave, un motif radical de divorce dans un cas non prévu par la loi? Pourquoi, conséquemment, ils se sont rendus législateurs?

---

Cette histoire de mes malheurs sera utile même aux potentats. Ils y trouveront, comme les individus de toutes les classes de la société, une leçon utile. Les femmes, sur l'honneur de qui repose l'harmonie de la société, ne chériront que mieux leurs devoirs, en voyant le point de dégradation où est tombée une jeune fille, née pour la vertu, mais corrompue par des conseils perfides; séduite par l'espoir des richesses, exposée par l'effet de l'ascendant suprême de la vérité des lois et de la justice à perdre, avec sa liberté et son honneur, déjà ensevelis dans le cimetière du crime, le reste de fortune que, dans la dissolution de ses mœurs et les désordres de sa vie, elle a cru pouvoir mettre en réserve.



FIN.

*Tous les exemplaires seront signés de la main de l'auteur ; il en a été déposé deux à la Bibliothèque royale. Les contrefacteurs seront poursuivis.*

www.ingramcontent.com/pod-product-compliance
Ingram Content Group UK Ltd.
Pitfield, Milton Keynes, MK11 3LW, UK
UKHW020454200726
13857UKWH00002B/707